動画で極める！
ボウリング ストライク 最強マニュアル

プロボウラー
川添 奨太 監修

メイツ出版

男子優勝
ABS
TRACK
JPBA

2連続パーフェクト 3年連続三冠王の 川添奨太プロがコツを伝授!!

はじめに

　ボウリングは趣味としてとても人気の高いスポーツです。ボウリング場は全国各地にあり、最近ではレジャー施設でも楽しむことができるようになりました。しかしその一方で、ボウリングをプレーする多くの人が我流の投球フォームでボールを投げているという現実があります。これではストライクをとることは難しいので、スコアが伸びません。しっかりとした投球フォームを身につけることができれば、ストライクを量産できるようになるので、よりボウリングを楽しめるようになるでしょう。

　この本では、日本でオーソドックスとされる投球フォームはもちろん、2連続パーフェクト・3年連続三冠王など日本トップの川添奨太プロが実戦する投球フォーム、レーンコンディションの読み方といった、ストライクをとるためのテクニックを数多く紹介しています。

　ボウリングはピンを倒すだけのスポーツですが、その奥深さを知れば、さらにのめり込んでいくことができるはずです。また、ストライクだけではなくスペアをとるための投球の狙い目や、スプリットの攻略法、優れた投球をするための練習なども紹介しているので、スコアアップの参考にしてください。

　ボウリングは老若男女関係なくプレーできる息の長いスポーツです。それはつまり、何歳からはじめても遅くはないということです。アマチュア大会を狙ってもいいですし、プロを目指すことも十分に可能です。本気でプレーして、ボウリングライフを充実させてください。

この本の使い方

この本では、ボウリングでストライクをとるためのコツを50紹介しています。

フックボールやストレートボールの投げ方、レーンの読み方など、スコアアップのための知識を一通り網羅しているので、最初から読んでいってもいいですし、自分が苦手とする項目があれば、そこだけピックアップして習得することも可能です。

各ページには、紹介しているコツを習得するために必要なポイントがあげられています。みなさんの理解を深めるための助けにしてください。

さらに、川添プロのフォームとオーソドックスなフォームの比較や、アマチュアボウラーのフォーム診断など、スコアアップするためのヒントも掲載しています。参考にしてください。

タイトル
このページでマスターするポイントと、テクニックの名前などが一目で分かるようになっている。

ボウリングのルール コツ 02
ボウリングのルールを知る
HECK POINT!
1ゲームは10フレームから成る
ストライクをとると高得点
2投で全て倒すとスペア
Brunswick
動画をチェック!
プレッシャーと戦いながらストライクを狙うスポーツ
ボウリングは1ゲームに10フレームあり、左右一対のレーンを使って二人が交互に投げ合う試合が多い。1から9フレームは1フレームにつきストライクの場合に1投、それ以外の場合には2投する。2投で全てのピンを倒すことをスペアと言う。最終10フレームはストライクかスペアをとると3投できる。
また、ストライクを連続でダブルトリプル（ターキー）ととっていくことによってボーナスポイントが加算される。1ゲーム12投連続ストライクを達成すると得点は300点となり、これを「パーフェクトゲーム」と言う。プレッシャーと戦いながらストライクをとり続けることがボウリングの試合で勝利する一番の近道なのだ。

スマホ・タブレットで動画をチェック！

二次元コードを読み取る

本書掲載の動画を視聴するためには、お手持ちのスマートフォンやタブレット端末のバーコードリーダー機能、または二次元コード読み取りアプリで本書に表示されている二次元コードを読み取ってください。
YouTubeにアップされている動画を見ることができます。

POINT
タイトルとCHECK POINT!に連動して、ポイントをマスターするために写真を使って分かりやすく解説する。

CHECK POINT!
コツをマスターするためのポイントを3つ紹介している。練習する際は、常に意識して行おう。

PART 1

ストライクをとると
得点アップ

POINT 2
ストライクを連続でとると
ボーナスポイントが加算

ストライクを2回連続でとることをダブル、3回連続でとることをトリプル（ターキー）と言う。トリプルをとると、最初のフレームのポイントが30点となる。10フレーム12投の全てでストライクをとることができると、300点獲得のパーフェクトゲームとなる。

1フレーム
2投までできる

POINT 1
1ゲームは
10フレームで成立する

1ゲームは10フレーム投げる。1フレームに2つのボックスがあり、2回投球することができる。1投で全てのピンを倒すストライクをとった場合は1投でそのフレームは終了となる。最終10フレームはストライクかスペアをとると、3投することができる。

+1 Advice
マナーを守って
ボウリングをプレーする

ボウリングは集中力を要するスポーツなので、大声を出すなど投球の邪魔になることをしてはならない。また、レーンの状態を乱すと軌道が変化するので、レーンの上に乗るのは禁止。これらのマナーを守って楽しくプレーしよう。

POINT 3
1フレーム2投で
10ピン倒すとスペアとなる

1つのフレームで、2投使って全てのピンを倒すことをスペアと言う。スペアの得点は10点にその次の投球のカウントが加算される。スコアアップには必要な技術だ。最終10フレームでスペアをとると、3回目の投球が可能となる。

27

プラスワンアドバイス
コツをマスターするための詳しい知識やポイントをアドバイスする。

解説
このページで紹介しているポイントと、関係する知識を解説している。じっくり読んで理解を深めよう。

※本書は2016年発行の『DVDで極める！ ボウリング ストライク最強マニュアル』の動画の視聴方法及び書名・装丁を変更し、新たに発行したものです。

CONTENTS

※二次元コードについては、お手持ちのスマートフォンやタブレット端末バーコードリーダー機能、または二次元コード読み取りアプリ等をご活用ください。
※機種ごとの操作方法や設定等に関するご質問には対応しかねます。その他、サーバー側のメンテナンスや更新等によって、当該ウェブサイトにアクセスできなくなる可能性もあります。ご了承ください。
※ YouTube の視聴には、別途通信料等がかかります。
また、圏外でつながらないケースもあります。あわせてご了承ください。
※本動画の権利は株式会社ギグに属します。再配布や販売、営利目的での利用はお断りします。

序章

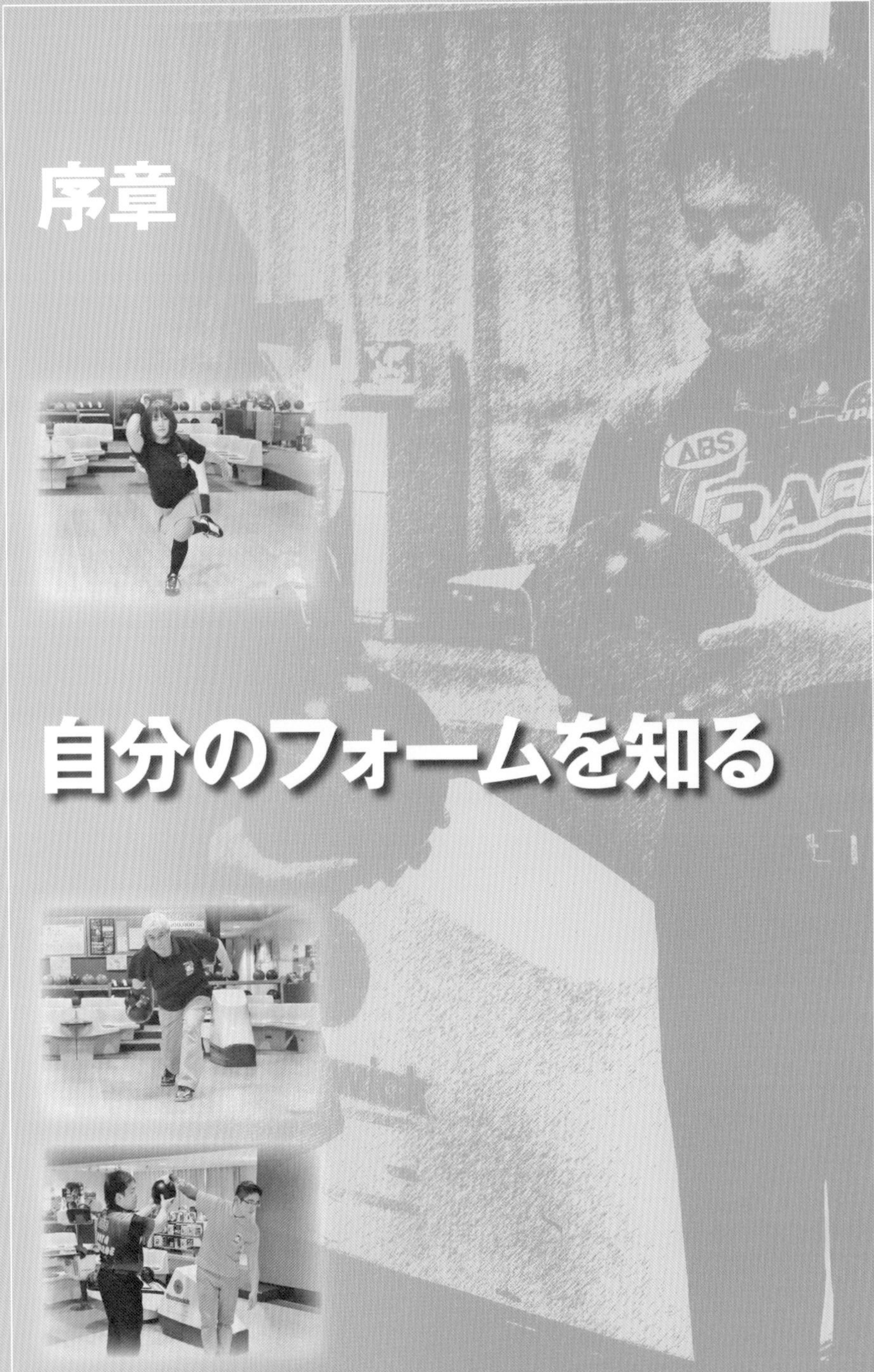

自分のフォームを知る

フォーム診断①正しい動作を身につける

フォームの問題点を改善してストライクを目指そう

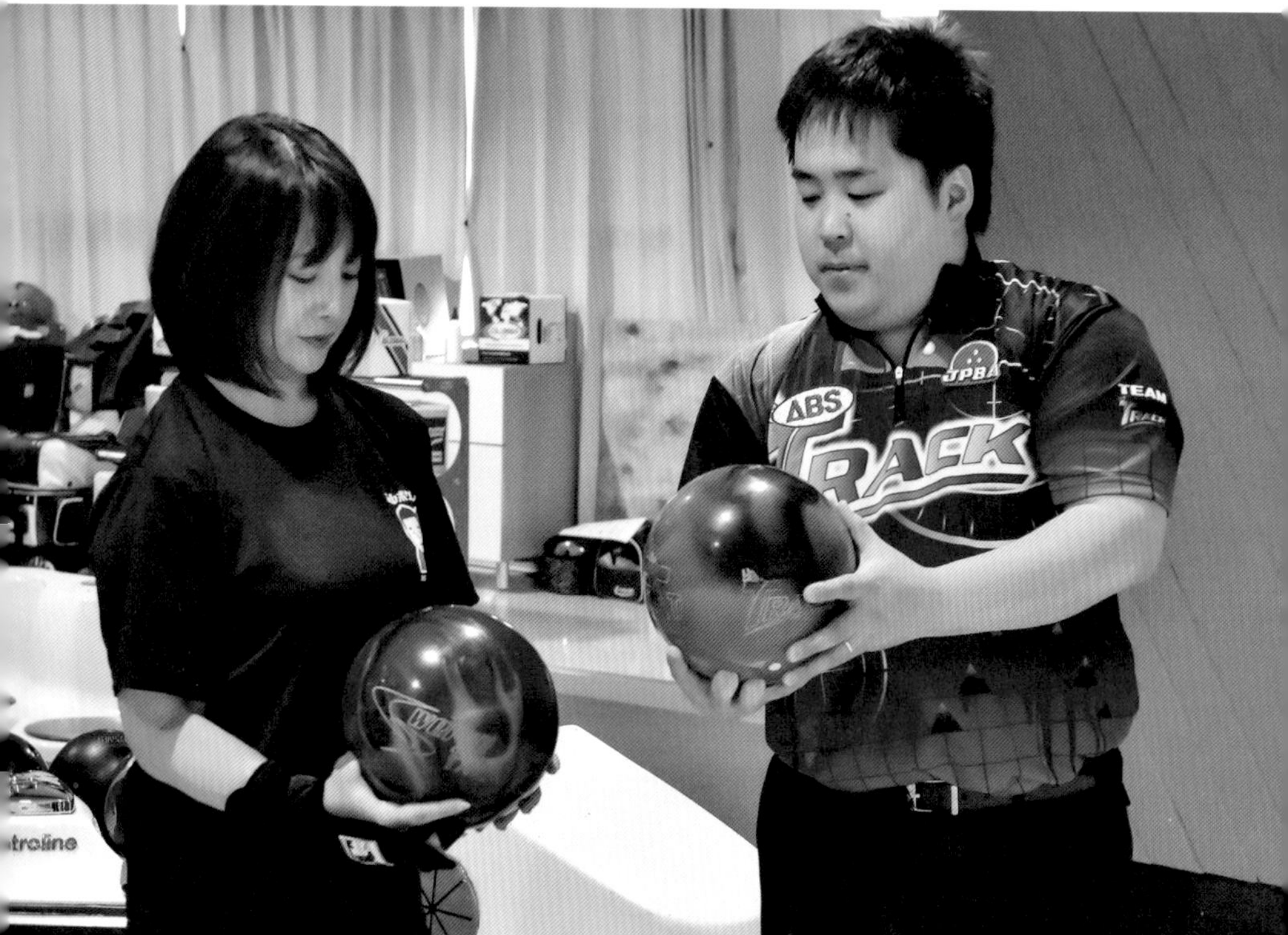

悪癖のパターンを把握しフォームの精度を高める

ボウリングのフォームは、一連の中でいくつもの動作を組み合わせる必要があり、非常に複雑だ。自分では上手く動作できているつもりでも、客観的に見るとフォームが乱れているケースが多くある。

間違った投球を繰り返していると、その動作が体に染みつき、悪癖となってストライクから遠ざかってしまう。解消しなければ、いくら練習を重ねても上達できないので、この章では陥りやすいフォームの問題点とその改善方法を紹介する。

例として挙げているフォームと自分のフォームを照らし合わせ、問題点を発見したら「川添チェック」の項目にあるアドバイスを実践して、悪癖を解消しよう。

パターン①

男性ボウラーは力みやすい傾向

男性は筋力があるので、力いっぱい投げようとする傾向がある。パワーボールを狙ったり強引に回転をかけようとした結果、フォームが乱れてコントロールを失っているケースが多く見られる。遠心力を使って投球するフォームの基本に立ち返ることが大切だ。

◀ 男性ボウラーのフォーム診断はP12へ

パターン②

ボールの重さに負けている女性ボウラーが多い

力の弱い女性にとって、重量のあるボールを投げるのは大変な動作。アドレス（構え）の段階からボールが落ちて、振り回されるようなフォームで投げているケースが多い。しかし正しいフォームが身につけば、逆にその重さを利用して精度の高い投球ができる。

◀ 女性ボウラーのフォーム診断はP14へ

パターン③

年配のボウラーは筋力低下を意識する

近年では健康維持の運動としてシルバー層に人気のボウリング。年配のボウラーは加齢に伴って徐々に筋力が落ちていくので、若い頃のフォームのままでは体がついていかない。年齢とフォームをフィットさせることができれば、何歳であってもストライクを狙える。

◀ 年配のボウラーのフォーム診断はP16へ

パターン① 男性ボウラー

力任せの動作から スムーズなフォームに修正

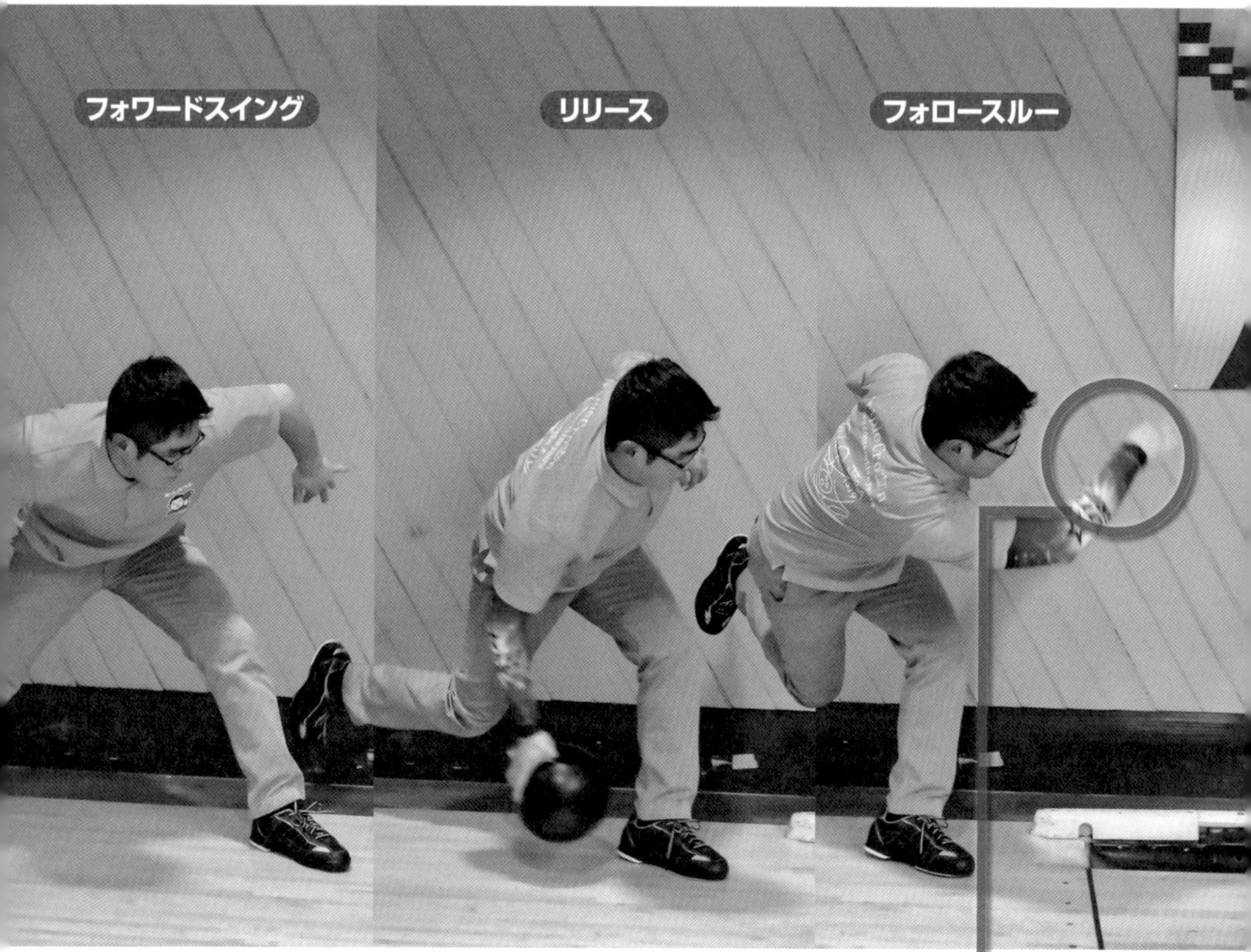
フォワードスイング
リリース
フォロースルー

川添チェック

リリースでのオーバーターンに注意

強引に回転をかけようと、リリースで手首を過剰に回すミスを「オーバーターン」と言う。確かに強い回転がかかるが、ドリフトしすぎて逆に曲がらなくなる上、ケガのリスクもある。手のひらが下向きになるようなリリースは避けよう。

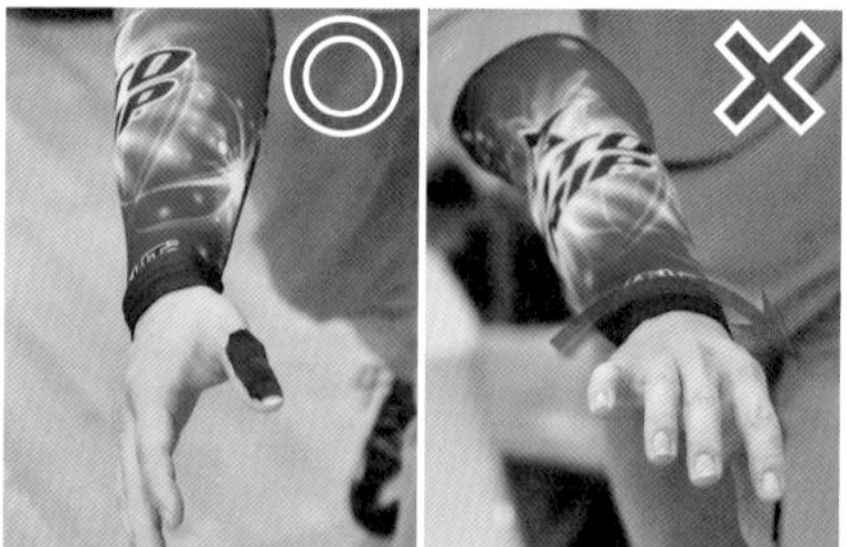
◎
×

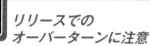

川添チェック

ボールの重さに任せてバックスイングする

ボールを高くあげれば強い遠心力を得られるが、力みがあると肝心のスイングに乱れが生じて投球のパワーが落ちてしまう。バックスイングはボールの重さに任せてあげる方法が基本だ。無理に持ちあげないようにしよう。

バックスイングとリリースでのミスに注意する

威力のある投球は、ダイナミックなピンアクションを起こすことができ、爽快感があるものだ。しかし、強引にパワーを出そうとすると力みが生まれ、ストライクから遠ざかってしまう。

力みやすいポイントとしてまず挙げられるのがバックスイング。ボールを高くあげようと腕に力を入れると、振り子のスイング軌道が乱れてしまう。

またリリースも、無理に回転をかけようと手首を回しすぎるケースが男性ボウラーによく見られる。手のひらが下向きになるほどのオーバーターンは、手首に負担がかかりケガにつながるので注意しよう。正しいフォームが身につけば、最低限の力でパワーのあるボールを投げられる。

スタートを安定させて キレイな振り子スイングを実践

川添チェック

ナナメのフォロースルーはNG バランスの崩れが原因

腕を振り切る際に、たすき掛けのようにナナメにフォロースルーしてしまうと、コントロールが乱れる。このミスは多くの場合、助走中にボールの重さでバランスを崩すことで起きるので、上半身をキープする意識を持って動作しよう。

川添チェック

胸の位置でアドレスし正面にプッシュアウェイ

アドレスとプッシュアウェイはフォームのスタートとなる部分なので、ここを間違うとフォーム全体が崩れてしまう。ボールが重くとも、しっかり両手で支えて胸の前で構え、その高さを変えずに腕を伸ばして正面にプッシュアウェイする。

ボールをしっかり構えてスイングを開始する

フォームはボールの重みを利用し、重力で勢いをつけてスイングの遠心力を投球のパワーに変える。ボールは重いほど威力がアップするが、重さに対応できなければフォームが乱れて精度を欠いた投球になってしまう。

女性や子どもなどは、ボールを扱いきれずにミスしてしまうことが多い。アドレスからプッシュアウェイの動作はボールを胸の位置にあげるのがセオリーだが、筋力がないと高い位置でキープできず、構えが低くなったりプッシュアウェイが行えないケースがある。これではスイングが小さくなって威力のない投球になってしまうので、セオリー通りに構えることが大切だ。練習を積み重ねれば、自然と筋肉がついて難なく行えるようになる。

パターン③ 年配のボウラー

筋力に応じたフォームでストライクを狙う

フォワードスイング
リリース
フォロースルー

川添チェック

助走が横にズレるミスは意識づけで解消

ボールの重さに引っ張られて助走が右側にズレると、リリースする位置もズレて狙い通りのコントロールができなくなる。右肩が下がらないようにアドレスの段階から意識し、直線的に進む助走のラインをイメージして投球する。

川添
チェック

ボールが合わなくなったら軽いものに交換

加齢によって筋力が落ちて、それまで使っていたボールを扱えなくなったら軽いボールに交換するのも方法のひとつ。ボールは重いほどパワーが出るものだが、軽くしたとしても正しいフォームで投げさえすればストライクを狙える。

アドレス・プッシュアウェイ
ダウンスイング
バックスイング
男子優勝

無意識のミスを是正して投球する

筋力は年齢を重ねるごとに低下していくものなので、年配のボウラーは自身の筋力と相談しながら投球する必要がある。その一例として、無意識にボールの重さに引っ張られ、助走が右側（ボールを持つ側）にズレてイメージ通りの投球ができなくなるケースがある。まっすぐ進むイメージを持って投球し、狙い通りの軌道にコントロールしよう。

意識しても助走がズレてしまう場合は、体とボールのフィットが合わなくなっているので軽いものに切り替えるべき。筋力に見合ったボールを使えば、正しいフォームで投球できるようになる。常に自分にとってベストのボールで投球することが、ストライクを量産するポイントだ。

マイボールは専用のバッグに入れて保管・持ち運びする。バッグには肩がけや、ローラー付きなどさまざまな種類がある。

マイボールのススメ

マイボールを作ってストライクを量産する

自分専用のボールで投球精度をあげよう

ボウリングのボールには、ボウリング場でレンタルする「ハウスボール」と自分専用に作る「マイボール」の2種類がある。レジャーとして楽しむならハウスボールでもOKだが、スポーツとして取り組むならばマイボールは必須だ。

ハウスボールは万人向けに作られているので手にフィットせず、多くの人に投げられているので曲がりにくい。レーンのオイルも染み込んでおり、正確な投球ができない。対してマイボールなら手にぴったり馴染むので投げやすく、威力・コントロールともに向上する。疲れづらく、マメにメンテナンスすることができるメリットもある。

マイボールを使ってカーブボールを投げる

そして最大の違いといえるのが、回転をかけられる点。ポケットにコントロールしやすく威力も高いカーブボールを投げられるようになれば、ストライクを量産できる。

ハウスボールで強引に回転をかけているボウラーを見かけるが、これは指や手首に負担がかかってケガにつながるのでNGだ。ハイスコアを目指すなら、マイボールを作って投球をレベルアップさせよう。

PART 1

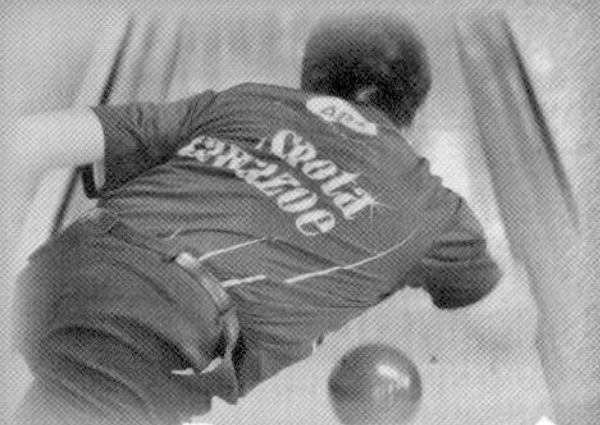

ストライクをとるための考え方

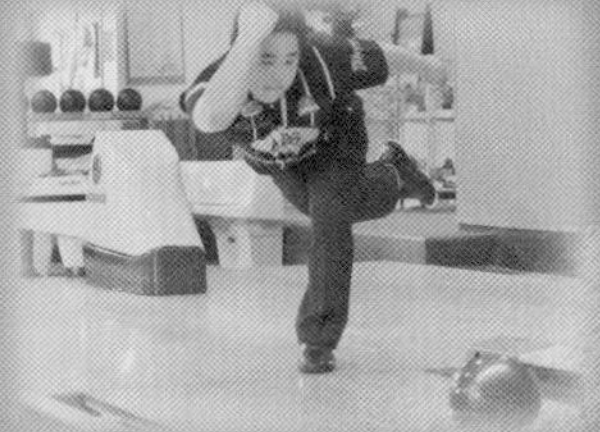

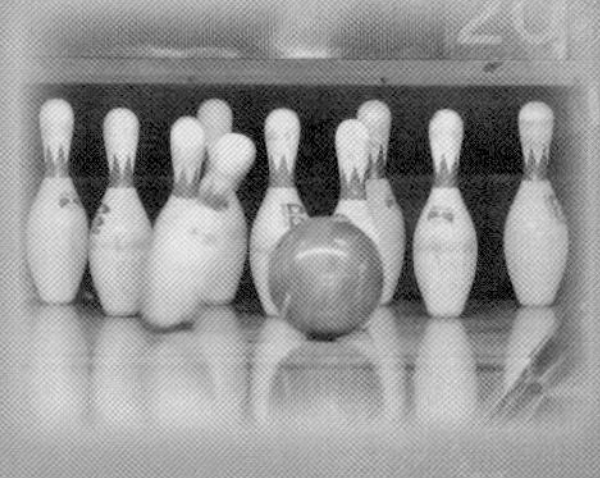

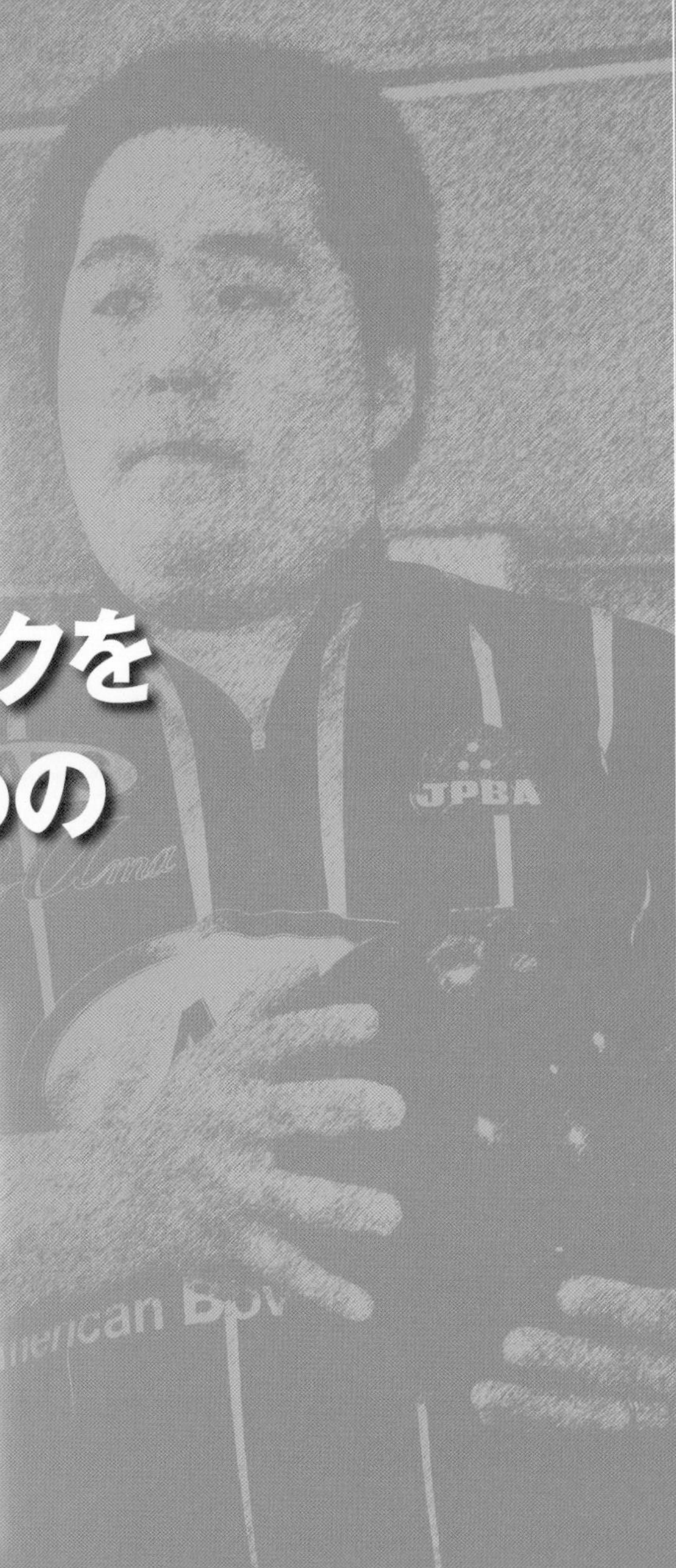

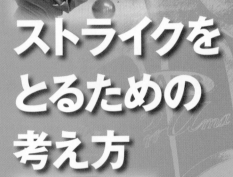

川添プロが教える ボウリングの基礎知識

現代のボウリングで勝つためには、体の軸を主体としたフォーム、レーンを攻略する戦術、平常心を保つ強いメンタルが必要となる。スコアアップを目指すボウラーたちへ、2連続パーフェクトという偉業を達成した川添奨太選手がストライクを量産するための基礎知識を伝授する。

動画をチェック！

初めてボウリングをプレーしたときのスコアが164点。プロになり、1年目から三冠王を獲得。驚異の2連続パーフェクトを達成した。

「世界で勝てるボウリング」を目指す

僕がボウリングに出会ったのは小学校に通っている頃でした。実は小学校1年生のときからサッカーをしていたのですが、チームが大会で優勝して、その打ち上げでボウリング場に行き、初めてボウリングをしたのです。そして僕は最初のゲームで164点というスコアを出してしまったのです。友人やその場にいた人たちは「すごいね！」と驚いていました。両親に「本気でボウリングをしてみるか？」と言われ、やってみようと思ったのがボウリングにのめり込んだキッカケです。

本気と言っても、子どもだったので最初は遊び感覚で練習をしていました。しかし、やればやるほどボウリングが楽しくなり、その魅力に夢中になっていったのです。知り合いからJBCというアマチュアボウリング競技団体に入らないかと誘われ、入ってすぐに高校生以下のジュニア選手権大会に出場しました。

僕はその大会で2位になり、「自分はボウリングを職業にできるかもしれない」と思うようになりました。プロを目指し始めたのも、その頃ですね。

僕は学生の頃から世界を意識してボウリングをしていました。ボウリングを始めてすぐの小学生のときは、ただ漠然とプロボウラーになりたいなと思っていたのですが、中学生にあがってボウリングのナショナルチームの存在を知りました。そして、日本代表になりたいと強く思うようになったのです。

高校在学中には、アジア高校選手権に2回出場し、卒業するときには日本代表に入ることができました。そこで世界大会3人チーム戦で銀メダル、アジアユースシングルで銀メダルを獲得することができました。そのおかげでプロになった今でも、世界を意識することができるのです。

1年目から奇跡のような2連続パーフェクトを達成し、数々のタイトルを獲得することができましたが、今後は日本でさらに良い成績を残すと同時に、世界を相手に戦えるプレイヤーになりたいと思っています。

前傾になって投げるフォームからパワーのあるボールでピンを倒す

僕は日本で一般的に言われているフォームとは違った投球フォームで投げています。特に異なる点はボールを投げるときの体の傾きです。一般的なフォームでは上半身を起こして投げますが、僕の場合、前傾姿勢で投げます。これによってボールを前へと押し出す距離が長くなり、パワーのあるボールを安定して投げられるようになるのです。また、スライドも特徴的です。スライドを助走の最後の一歩、スライドを大きめにとることによって、さらに押し出す距離を長くします。フォワードスイングからリリースまでの距離を「レベレージポジション」と言うのですが、このレベレージが長ければ長いほど、ボールに威力が加わり、投球が安定するのです。

僕はこのフォームに、ボウリングの本場であるアメリカのトッププロたちを参考にすることによってたどり着きました。どのような状況でも臨機応変に対応してストライクをとる「万有性」がボウリングでは必要とされます。このフォームは、その万有性を求めたフォームなのです。

また、アメリカのトッププロ、とりわけ世界を舞台にしている選手たちは全員、ボールに威力と安定性があります。しかし、体格的に劣る日本人が従来のフォームで投げていてはボールの威力は得られません。世界で活躍するためには、前傾になるフォームが必要と考えました。

このフォームは、上半身が強い前傾姿勢になるために下半身への負担が大きいので、投げるためには下半身を強化しなければなりません。走り込みなどのトレーニングをメニューに取り入れています。また、体の軸が主体となりボールを投げるので、体幹のトレーニングも重要になります。上半身のバランスが崩れないように、しっかりと支えられる下半身を作っています。

ボウリングの筋肉はボウリングによって得られる。しかし長時間の投げ込みはケガのリスクが高いので、テーピングで指を保護するなどして体をケアする。

パーフェクトストライク理論に則りレーン・ボールなどの戦術を練る

パーフェクトストライク理論とは、ポケット（1番ピンと3番ピンの間）に入射角約3度でボールを入れることができれば、絶対にストライクになるという理論です。1番ピンが2番ピンを倒し、2番ピンが4番ピン、7番ピンと倒します。そして、3番ピンは6番ピン、6番ピンが10番ピンを倒します。さらにボールが5番ピンに当たり、残りはピンアクションでストライクが達成するのです。

パーフェクトストライク理論に則ったコースにボールを運ぶためには戦術が必要です。入射角がわかっていても、ボールやレーンの状態によってボールの動きが変わるので、どのような

パーフェクトストライク理論のコースにボールを投げれば、絶対にストライクをとることができる。そのためには、レーンコンディションを読む能力が必要になる。

状況でもストライクをとれる入射角にボールを運ぶための戦術知識が必要になるのです。

そのためにはまず、レーンコンディションを読む技術が要求されます。これは、ボウリングにおいて最も大事なことかもしれません。ボウリングは10本のピンを倒すスポーツですが、勝利のためには自分の狙うラインをしっかりと見極められなければなりません。レーンをしっかり読んで、狙ったラインに投げることができるプレイヤーが、真の強者なのです。

しかしながら、プロボウラーのようにレーンのオイルの変化などを見極めてそれにあったボールや回転、ラインどりをするのは難しいでしょう。僕は自分の好きなラインに投げて、イメージと実際の軌道を見て微調整するというやり方でレーンコンディションを把握しています。アマチュアボウラーもまず投げてみることから始めましょう。

また、ストライクをとるためにはボールの使い方も重要になります。僕は大会には6から10個のボールを持っていきます。オイルが多いレーンではボールが曲がりにくいので曲がりやすいボールを使い、逆に少ないときは曲がりすぎてしまうので、基本的には曲がりの少ないボールを使います。

また、同じ曲がるボールでも、曲がり方は異なります。大きく曲がるボールとちょっと曲がるボール、あまり曲がらないボール、全く曲がらないボール、という具合に少しずつ動きの違うボールを持っていきます。色んなバリエーションのボールを揃えることで、状況に対応するのです。そして実際に投げてみて、合うボールを探します。

アマチュアボウラーはまず、マイボールを作るところから始めましょう。ハウスボールは誰でも使えるような指の長さと穴の大きさでできています。マイボールなら自分の指に合わせて作れるので、スコアがあがりますし、技術の上達も早めることができるのです。

ボウリングのための体力作り 下半身を強化してボールを投げ込む

ボウリングは筋肉があまり必要とされないスポーツですが、ワンランクアップするために体力作りは重要です。僕のフォームでは下半身が重要になるように、ボウリングのための肉体を得ることが、上達の近道なのです。そのためには、投げ込みが最も有効です。ボウリングのための筋肉はボウリングで鍛えるのが最も効率的です。

また、下半身強化のための走り込みのあとに投げるという練習法もあります。足が疲労している状態でも1投1投大切に投げることができると、下半身を鍛えると同時に、厳しい場面でも集中して投げるメンタルを得られるのです。

また僕は、トータルスコアが1万点に届くまでや、200点を基本にしてそれ以上をプラスそれ以下をマイナスとして、得点がプラス1000点になるまで投げるなどの投げ込みをしています。次230点出せば終わる！　という心理状態と試合で230点出さなければ負けるという心理状態はとても似ています。練習でも精神的に自分を追い込むことで、より実戦に近い練習ができるのです。

体を作ることと同じぐらい、体を守ることも大切です。いくら練習していても、試合前にケガをしてしまっては意味がありません。ボウリングで特にケガをしやすいのが指です。これを予防するためには、テーピングがとても効果的です。テーピングで指を保護することによって、ケガのリスクは著しく減少します。ボールの持ち方はそれぞれ違いますので、テーピングのしかたも変わってきます。人にやってもらっていると、試合で違和感があったときに対処できないので、自分でやりましょう。しかし最初はわからないことが多いと思うので、プロの方に頼んでください。基本を押さえてから、徐々に自分で調整していくやり方がいいでしょう。

下半身を筋力トレーニングで鍛えることも、ボウリングのための体力作りには重要。

平常心を保つためのメンタルコントロールをする

ボウリングはメンタルスポーツと呼ばれるくらいメンタルが大事です。僕が特に注意しているのはルーティンです。アプローチにあがるときには必ず右足からあがって、4歩目の左足で

平常心が最良のメンタル状態。投球ごとに気持ちを切り替え、相手を気にせず自分のボウリングに集中する。

自分が立つ位置に足を乗せ、構えるというのが僕のルーティンです。これが左足からあがったり、タイミングが合わないような場合は、ボールを置いてもう一度やり直すようにしています。

何故こんなにもルーティンを気にするかと言うと、試合では平常心が重要だからです。練習ではストライクが出るのに試合では出ないという経験を誰しもがしていると思いますが、これは練習と試合でのメンタル状態の差が生むものだと思います。練習で調子がいいときは大抵、何も考えていないものです。しかし試合で調子が悪いときは考えすぎてしまい、不安が募って緊張しているのです。こうしたギャップを生まないためには、平常心を保つことが重要なのです。それが結果的に精神力を高めることにつながると思います。

僕がパーフェクトをとって優勝したときは、平常心をずっと保つことができていました。平常心というのは、「平常心にならなきゃ」と思った時点で、もう保てていません。何も考えずに淡々と投げているときが平常心と言えます。僕は試合中はいつも、レーンに向かって「ここでストライクを1つとる」と思っています。投球ごとに気持ちを切り替えているのです。相手のことを見てはいけません。スコアや投球を見ていると欲が出たり不安になったりして平常心が保てなくなります。自分のボウリングに集中することが、良いスコアを出すためのポイントなのです。

僕はそのために、スコアを逆算して計算します。ボウリングの得点計算はストライクが出たら20点、その次もストライクをとったら30点、という加算法です。しかし僕は、マックス300点から点数を引いていく引き算方式で計算しています。これにより相手とは異なる目標を目指して投げることができます。終盤の緊張がなくなり、平常心を保てるようになるのです。

ボウリングのルールを知る

CHECK POINT!
1　1ゲームは10フレームから成る
2　ストライクをとると高得点
3　2投で全て倒すとスペア
Brunswick
動画をチェック!

プレッシャーと戦いながらストライクを狙うスポーツ

ボウリングは1ゲームに10フレームあり、左右一対のレーンを使って二人が交互に投げ合う試合が多い。**1から9フレームは1フレームにつきストライクの場合に1投、それ以外の場合には2投する。2投で全てのピンを倒すことをスペアと言う。**最終10フレームはストライクかスペアをとると3投できる。

また、ストライクを連続でダブル、トリプル（ターキー）ととっていくことによってボーナスポイントが加算される。1ゲーム12投連続ストライクを達成すると得点は300点となり、これを「パーフェクトゲーム」と言う。プレッシャーと戦いながらストライクをとり続けることが、ボウリングの試合で勝利する一番の近道なのだ。

1フレーム
2投までできる

POINT 1

1ゲームは10フレームで成立する

1ゲームは10フレーム投げる。1フレームに2つのボックスがあり、2回投球することができる。1投で全てのピンを倒すストライクをとった場合は1投でそのフレームは終了となる。最終10フレームはストライクかスペアをとると、3投することができる。

POINT 2

1フレーム2投で10ピン倒すとスペアとなる

1つのフレームで、2投使って全てのピンを倒すことをスペアと言う。スペアの得点は10点にその次の投球のカウントが加算される。スコアアップには必要な技術だ。最終10フレームでスペアをとると、3回目の投球が可能となる。

ストライクをとると
得点アップ

POINT 3

ストライクを連続でとるとボーナスポイントが加算

ストライクを2回連続でとることをダブル、3回連続でとることをトリプル（ターキー）と言う。トリプルをとると、最初のフレームのポイントが30点となる。10フレーム12投の全てでストライクをとることができると、300点獲得のパーフェクトゲームとなる。

+1 Advice

マナーを守ってボウリングをプレーする

ボウリングは集中力を要するスポーツなので、大声を出すなど投球の邪魔になることをしてはならない。また、レーンの状態を乱すと軌道が変化するので、レーンの上に乗るのは禁止。これらのマナーを守って楽しくプレーしよう。

レーンを知って投球に生かす

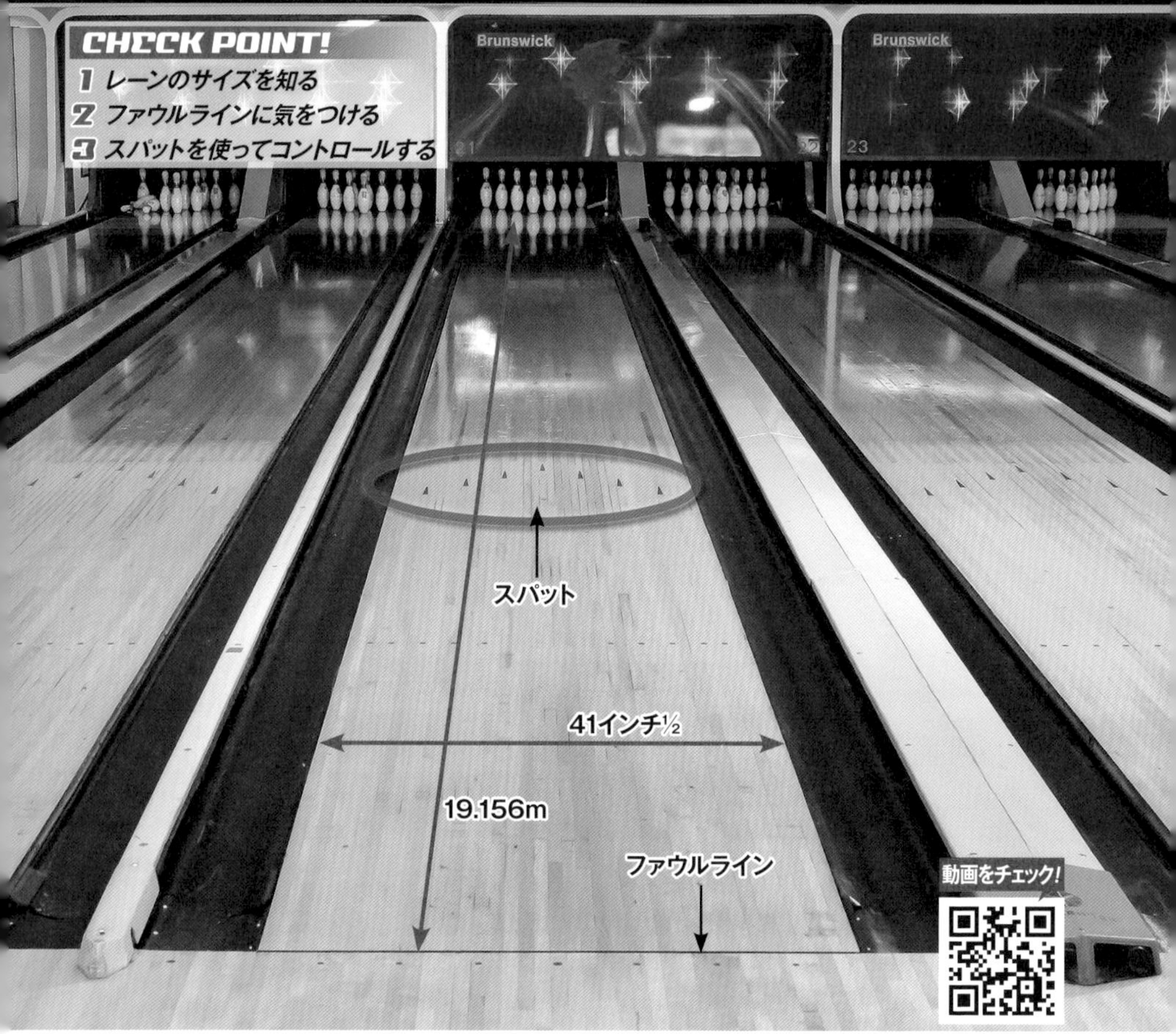
CHECK POINT!
1 レーンのサイズを知る
2 ファウルラインに気をつける
3 スパットを使ってコントロールする
Brunswick
Brunswick
21
22
23
スパット
41インチ½
19.156m
ファウルライン
動画をチェック!

レーンのサイズを知り印を有効利用する

ボウリングのレーンは39枚の板で構成されており、幅が41インチ1／2、全長が19・156ｍである。レーンには様々な印があり、その一つがファウルライン。助走するスペースとレーンの境目にあり、投球するときに超えたり踏んだりすると、ファウルとなり無得点となる。ファウルラインの先にはガイドという点があり、目標を定めるために使う。

その先、ファウルラインから15フィートほどの場所には、スパット（またはターゲット）と呼ばれる印がある。これはコントロールを安定させるために使う。

レーンにある印を有効利用することができれば、ファウルが減るばかりかストライクを狙いやすくなる。

ボールの構造を理解する

CHECK POINT!
1 コアとカバーストックでボールはできている
2 プロはボールを使い分ける
3 指の穴の重要性を知る

動画をチェック!

コアとカバーストックの構造でボールを曲げる

ボウリングのボールは、中のコアと外側のカバーストックによってなる。これらは全て非金属製で、最新のボールにはコアにセラミック、カバーストックにリアクティブウレタンが使われている。コアの形やカバーストックの摩擦係数によって、ボールを曲げるのだ。

プロボウラーや上級ボウラーは、異なる性質のボールを使い分ける。レーンコンディションによる変化に対応するためだ。ストライクを量産するには、マイボールを作る必要がある。

また、マイボールには自分の手に合ったものが作れるという利点がある。指と穴（フィンガーホール・サムホール）のサイズが合っていると投球しやすくなる。自分専用のボールを作って、ストライクの確率をあげよう。

ボウリングに必要なアイテム

CHECK POINT!
1 マイシューズはラバーを交換できるものがある
2 リストタイやテーピングを活用する
3 アブラロンパッドでボールメンテナンス
ABS
PRO-am
動画をチェック!

アイテムを揃えてストライクの確率をあげる

マイボール以外のアイテムも揃えておくと、ストライクをとる確率をあげることができる。中でも必須となるのがマイシューズだ。**ボウリングシューズは利き足のシューズ裏にラバーをつけることですべりにくくし、反対に逆側の足にはラバーをつけずにすべりやすくなっている。**シューズ裏のパーツは交換可能なので、自分に合わせて調節すれば投球の精度を高めることができる。

また、ボウリングは手首に負担がかかりやすいスポーツ。ケガの予防として使われるのがリストタイだ。手首の安定性を高めることができる。テーピングと併用すれば、指と手首を同時に守ることができる。

ボールクリーナーやアブラロンパッドなどで、マイボールの手入れをすることも大切だ。

※アイテムの詳しい知識はPART6（p113）で紹介。

PART 2

ストライクの確率をあげるフォームを身につける

投球フォームでコントロールの土台を作る

安定したコントロールを生む投球フォームを身につける

ストライクを狙う上で重要になるのは、ボールをコントロールするための土台となる投球フォームだ。しっかりとした投球フォームを身につけることができれば、ピンを大きく弾く威力のあるボールを安定して投げられるようになる。さらにコントロールも高めることができるので、ストライクをとりやすくなるのだ。

プロボウラーや上級ボウラーは全員が基本のフォームから自分なりに最もストライクがとりやすいフォームを研究している。そしてそのフォームをいつでも再現できるように練習している。

土台がぶれると、スイングもぶれてしまうので狙ったところに投げることができない。自分に合ったフォームを探し、練習して身につけよう。

フォームの
安定が大切

POINT 1

ストライクをとるためには投球フォームが重要

ストライクを狙う上で重要になるのは投球フォーム。ピンを全て倒すことができるポイントに威力のあるボールをコントロールして運ぶためには、投球の土台となるフォームが安定していなければならない。練習によってフォームを体に覚えこませよう。

×

POINT 2

投球フォームは常にリラックスした状態で

ボウリングはとても繊細な技術が必要とされるスポーツ。指が少し動いただけでボールの変化や軌道に大きな差が生まれる。これらを防ぐためには体をリラックスさせる必要がある。フォーム練習や、シャドーボウリングを常日頃から行おう。

力が入るとミスが出る

POINT 3

スピードと回転のバランスがいいフォームで投げる

スピードボールを投げようと思うと、つい力が入ってしまう。そうなるとフォームや指の動きが雑になり、コントロールの精度が落ちてしまう。意識的にスピードを出すのではなく、効率よくスピードボールを投げられる投球フォームを身につけよう。

+1 Advice

自分に合った投球フォームを研究する

川添プロはアメリカのPBAプロのフォームをアレンジして実践している。日本ではポピュラーではないフォームで２連続パーフェクトを達成したのだ。突飛なフォームをいきなり使うのは良くないが、自分に合ったものを研究して探し出すことは大切だ。

ワキをしめ腕を伸ばしてスイングする

CHECK POINT!
1 腕を伸ばしてプッシュアウェイ
2 ボールの重さを使ってバックスイング
3 ボールに勢いをつけて投げる
動画をチェック!

スイング中心の基本的なフォーム

ボウリングで基本的なフォームとされるのが、スイング中心のフォームだ。ボールを持ってアドレスの姿勢をとり、プッシュアウェイ、ダウンスイングと移行していく。ボールの重さを利用して腕を後方に振りあげて、ボールが自然とあがる高さまでスイングしたらヒザを深く曲げる。足をスライドし終わってから、体のすぐ横をボールが通るようにフォワードスイング。前に出ている足で踏ん張りながらリリースする。

ポイントは、ワキをしめて利き腕を真っ直ぐに伸ばすこと。ボールの重さを利用したスイングで力を伝達する。ボールが弧を描く振り子スイングを大きく行うことができれば、筋力をあまり使わなくても、威力のあるボールを投げられる。

POINT 1 腕を伸ばして プッシュアウェイ

アドレスの姿勢から、目線はスパットに向けたままでボールを持っている腕を伸ばしてプッシュアウェイ。助走が2歩目に入ったところで左手を離す。力を入れる必要はないので、体をリラックスさせてボールの重みに身をまかせるように動作を行う。

POINT 2 ボールの重さを使って バックスイング

ダウンスイングと同様に腕に力は入れずに、ボールの重さによる勢いを使ってバックスイングする。ボールを肩の高さまであげてから振り下ろす。腕を手首が真っ直ぐ伸びている状態をキープすることが重要。下半身は両ヒザを深く曲げて、体全体を沈める。

POINT 3 フォワードスイングし ボールに勢いをつけてリリース

足をスライドさせて大きく開き、その勢いをボールに伝達する。ボールを押し出すようなイメージで、前に出ている足を踏ん張ってリリースする。ボールが手から離れたら、腕を頭の位置まであげてフォロースルー。体の軸を真っ直ぐにキープしよう。

+1 Advice

振り子スイングで 遠心力をボールにかける

肩の高さまでバックスイングし、半円を描くように振り下ろしていくことで、遠心力がかかりボールの威力が増す。腕に力を入れるとボールに遠心力をかける邪魔をすることになるので、リラックスして投げる必要がある。

川添プロのフォームをイメージする

CHECK POINT!

1 前傾姿勢になってスイング
2 大きくスライドして踏み込む
3 下半身を鍛えて上半身を支える

動画をチェック!

前傾姿勢になって投げる川添プロの投球フォーム

川添プロは従来日本のボウリング界で一般的とされてきた投球フォームと異なるフォームでボールを投げている。その決定的な差はダウンスイングからフォワードスイングにかけての体の傾きである。一般的なフォームでは上半身を起こしていたのに対し、川添プロのフォームでは前傾姿勢になる。**前傾になることによってスライドしたときのボールを体側で押す距離が長くなり、パワーのあるボールを安定して投げられるようになるのだ。**

前傾姿勢になると下半身への負担が増えるので、上半身を支えられる下半身と、バランスを保つ体幹の筋力が必要とされる。特殊なフォームなのでいきなり挑戦することはせず、まずはイメージしてみよう。

POINT 1 前傾姿勢になって ボールを押す

ダウンスイングからフォワードスイングの動作で前傾姿勢になる。これによりボールを押し出す距離が長くなり、パワーのあるボールを投げられるようになる。アドレスとプッシュアウェイは一般的なフォームの形を崩さずに、同じように行う。

POINT 2 大きくスライドし バランスを保つ

前傾姿勢になると体のバランスが崩れやすくなるので、助走の最後の1歩であるスライドをしっかりと踏み込んで上半身が突っ込みすぎないようにする。これによりボールを押し出す距離をさらに長くすることができ、強いボールを安定して投げられる。

POINT 3 下半身を強化して 上半身を支える

川添プロの投球フォームは上半身を前傾させるため、下半身への負担が従来のフォームよりずっと多い。そのため走り込みなどで下半身を強化しなければ、安定して投げることは難しい。また、バランスを保つ力も必要なので、体幹トレーニングも大切。

+1 Advice

アメリカでは主流の 川添プロのフォーム

ボウリングの本場であるアメリカでは川添プロのフォームが一般的。つまり、ボウリングをつきつめたフォームと言える。あらゆる状況に対応できる万有性の高いフォームなので、身につけられると大会などでの好成績につながる。

大きくスライドし前傾姿勢で投げる

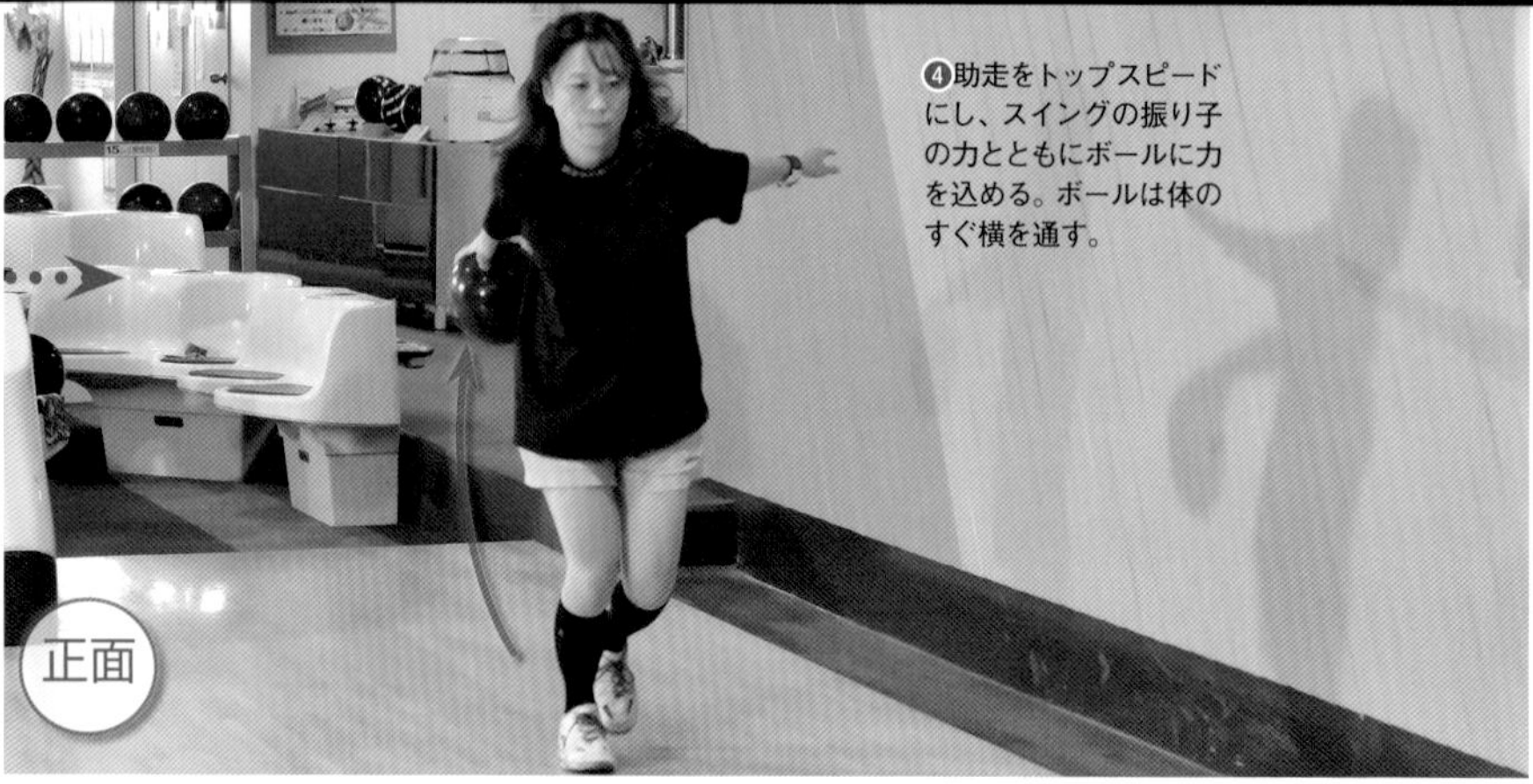

❹助走をトップスピードにし、スイングの振り子の力とともにボールに力を込める。ボールは体のすぐ横を通す。

❹前傾姿勢をキープしたまま助走のスピードをあげ、ボールが通る際に邪魔にならないように、上体をやや曲げる。

動画をチェック!

バックスイングしながら上体を前傾にする

川添プロが実践する独特のフォームの真骨頂は、前傾姿勢とスライドの大きさである。これにより、体側でボールを押す距離であるレベレージを長くすることができる。スライドは下半身の動作であるため、下半身だけ使えばいいと思われがちだが、実際は上半身の動きとの連動がなければレベレージを長くすることはできない。

上体を前傾にするタイミングはダウンスイング。アドレスからプッシュアウェイはオーソドックスなフォームと同じように動作する。**ボールを後方へと振りあげる動作の中で前傾姿勢になり、頭より高い位置まであげる。**上体が変化してもフォームを安定させられる筋力と、体の軸の意識が重要になる。

❶ワキをしめてボールを支えるように持つアドレスの基本姿勢で立つ。目線はスパットへと向けて平行にする。

❷助走とともにプッシュアウェイし、ダウンスイングする。ワキをしめたまま、ボールを重みを利用して下ろす。

❸ボールの重みを利用したスイングで、後方へとボールを振りあげる。上体は真っ直ぐキープしたまま安定させる。

アドレス → **プッシュアウェイ・ダウンスイング** → **バックスイング**

❶アドレスの姿勢はオーソドックスなフォームとほとんど同じ。やや前傾姿勢になって投球の準備をしておく。

❷利き足と利き腕を同時に出すのがプッシュアウェイのポイント。フォームの動作が始まっても目線はスパットへ。

❸前傾姿勢になり、ボールを頭の上まで大きく振りあげる。この高さが川添プロの投げるボールのパワーの源である。

+1 Advice

腕と頭を一直線にして前傾姿勢になる

オーソドックスなフォームに慣れているボウラーは、前傾姿勢になるタイミングがつかみづらいだろう。バックスイングでボールを振りあげる腕と、頭が一直線になるような意識で動作をすると、スムーズに上体を前傾させられる。

頭の上までバックスイングする

❸リリース時には上体を倒して、より前でボールを放す。体が流されないようにバランスを保ちながら振り抜く。

❹ボールをリリースしたら、そのまま腕を振りあげてフォロースルー。これによりボールに強い回転を与えられる。

❸前傾姿勢のフォームだと、より低い位置でボールをリリースすることが可能。これにより投球精度がアップする。

❹しっかりとバランスをとり、腕を振り抜いてフォロースルー。

高くバックスイングし低い位置で投げる

前傾姿勢は、バックスイングからリリースまでキープする。これによって、スライドで大きく踏み込んでも上体が不安定になるなどのフォームの崩れが起きなくなる。しかし、体重が前方へと移動する分、踏ん張る下半身への負担が大きくなるので、強い下半身が必要になる。

フォワードスイングではボールの勢いを殺さないために上体を曲げてボールの通り道を作る。**ボールにパワーを与えて、前傾姿勢から低い位置でリリースすれば、精度と威力を兼ね備えたボールを投げることができる。**

投球フォームの中でさまざまな動作を連動して行わなければならないため難易度が高いが、習得できれば武器になる。

❶助走の最後の1歩を、上体をキープできる範囲でスライドして踏み込む。大きくしすぎるとフォームが崩れる。

正面

❷やや前傾にはなるものの、上体は真っ直ぐ安定させる。重心は胴体部に置いたまま移動させない。

バックスイング→フォワードスイング

スライド

❶前傾姿勢になっているためフォームが崩れる心配なく大きくスライドできる。重心移動しているのがわかる。

正面

❷右足から左足へ重心移動。これにより大きなスライドが可能になり、助走のスピードを100%生かせる。

+1 Advice

ボールに合わせて体を曲げ威力を高める

川添プロの投球フォームでは、スイングでボールが体側を通る際に、上体を曲げてボールの通り道を作る。これにより助走とスイングのエネルギーを100%ボールに込められるようになり、投球の威力がアップする。

支えるように胸の前で持つ

CHECK POINT!

1 ワキをしめてボールを持つ
2 ボールを持つ高さを変える
3 利き足に重心を乗せる

動画をチェック!

アドレスを一定にして投球を安定させる

ワキをしめてヒジを曲げ、胸の位置でボールを持つのがアドレスの基本。このとき、左手でボールを支えて目線はスパットに向ける。**ボールを持った利き腕側の肩は多少下げて、利き足とは逆の足を半歩前におく。**これは5歩助走の1歩目を出しやすくするため。また下半身は、利き足に重心を乗せる。

これがアドレスの基本姿勢である。アドレスは投球のための重要な初期動作なので、常に一定にすることで投球を安定させることができる。ポイントは、体全体をリラックスさせることだ。力むとスイングがブレてしまうので、意識して行う。

POINT 1 ワキをしめてボールを持つ アドレスの基本

背筋を伸ばして立ち、ワキをしめてヒジを曲げ、ボールを体に近づけて支えるように胸の前で持つ。左手でボールを支えて利き足と逆側の足を半歩前に出す。やや前傾姿勢をとり、目線はスパットへ向ける。アドレスの形を覚えて、投球を安定させよう。

POINT 2 ボールの高さを変え スピードを出す

曲がりやすいレーンと曲がりにくいレーンで同じアドレスをしていたのではストライクはとれない。ボールの持つ位置の高さを変えると、ボールにスピードを出すことができ、逆に低く持つとボールを曲げやすくなる。レーンの状態によって変化させる。

POINT 3 重心を利き足に乗せて アドレスする

アドレスの際に下半身は、両足を揃えてから利き足とは逆の足を半歩前に出す。このとき、重心は利き足に乗せておく。この重心が逆になっていると、投球フォームに崩れやすくなり、スイングがブレてしまう。細かい部分だが、注意して行おう。

+1 Advice

肩に力を入れずに 利き腕側をやや下げる

肩に力が入ると、スムーズに投球フォームへと動作を移せないので注意。無駄な力が入るとコントロールミスを生む。アドレス時には、ボールを持っている利き腕側に体を傾ける。肩のラインを平行より多少利き腕側に下げるイメージを持って取り組むと良いだろう。

自分にとって楽な握り方を探す

CHECK POINT!
1 握り方の種類を知る
2 自分にとって楽な握り方を探す
3 滑り止めで握りを安定させる

動画をチェック!

ストレスのかからない握り方を探す

ボウリングではボールの持ち方や握り方によってスコアに差が出る。握り方には、中指と薬指を第二関節まで入れる一般的な「コンベンショナルグリップ」と、第一関節と第二関節の中間で持つ「セミフィンガーグリップ」、第一関節まで入れる「フィンガーチップ」の三種類に、大きく分けられる。

握り方にはそれぞれ特性があるが、ギュッと強く握ってしまうなど変なクセがないのであれば、自分にとって一番楽なものを選ぶと良い。ストレスのかからない握り方を見つけ出すことが重要なのだ。

また、親指の大きさも重要となるので、テープを貼り過ぎて、きつくならないように調整することも大切だ。

POINT 1

ボールの握り方の種類を知る

ボールの握り方は、中指と薬指を第二関節まで入れる「コンベンショナルグリップ」、第一関節と第二関節の中間で握る「セミフィンガーグリップ」、第一関節で握る「フィンガーチップ」の３種類が基本。自分に合ったものを探そう。

POINT 2

自分にとって一番楽な握り方を探す

ボールを常にギュッと強く握ってしまうなどの独特なクセがない限りは、基本を踏まえた上で、自分にとって一番楽な握り方でボールを投げる。ストレスがかかっていると、コントロールが不安定になってしまう。集中しやすい握り方が最良なのだ。

POINT 3

滑り止めをつけて握りを安定させる

握力は疲労によって落ちてしまうので、補助として滑り止めを使う。握りを安定させれば、イメージ通りの投球を維持することができるのだ。アイテムを駆使することも戦術の一つなので、良い状態で投球するための準備を常にするように心がけよう。

+1 Advice

自分に合ったスパンでボールを作る

握りを安定させるためには、ボールの穴も重要になる。ボールには親指、中指、薬指を入れるための穴が開いており、親指の穴からそのほかの穴までの距離をスパンという。自分に合ったスパンでマイボールを作ろう。

4歩助走のスタンスで投げる

CHECK POINT!
1. 利き腕と利き足を同時に出す
2. 細かく2歩3歩目を踏みスピードをあげる
3. 4歩目で大きく踏み込みスライドする

4歩の助走を基本にしてボールを投げる

4歩助走をする前に、まずファウルラインの前にあるドットにカカトを合わせてレーンに背を向けて立つ。そこから普段より多少大またで4歩歩き、さらにスライド分半歩進む。その位置からツマ先を中心にして反転し、レーンに体を向ける。この動作によって、助走を始める立ち位置（スタンス）を決めることができる。

スタンスが決まったらプッシュアウェイと同時に利き足を出す。ダウンスイングで2歩目、バックスイングで3歩目と、細かくステップを踏む。**最後の一歩は大きく踏み込む。**このとき、利き足で地面を蹴って押し出すようなイメージで行うとより大きく踏み込める。

基本の4歩助走をマスターしたら、自分の投球フォームに合った投げやすい助走の歩数をさがしてみよう。

POINT 1

利き腕と利き足を同時に出す

ファウルラインの前にある点から助走とスライドの４歩半分のところがアドレス位置。カカトを中心にレーンの方向に体の向きを変えて構える。助走の１歩目はボールを持っている利き腕と同時に利き足を出す。タイミングが難しいので注意する。

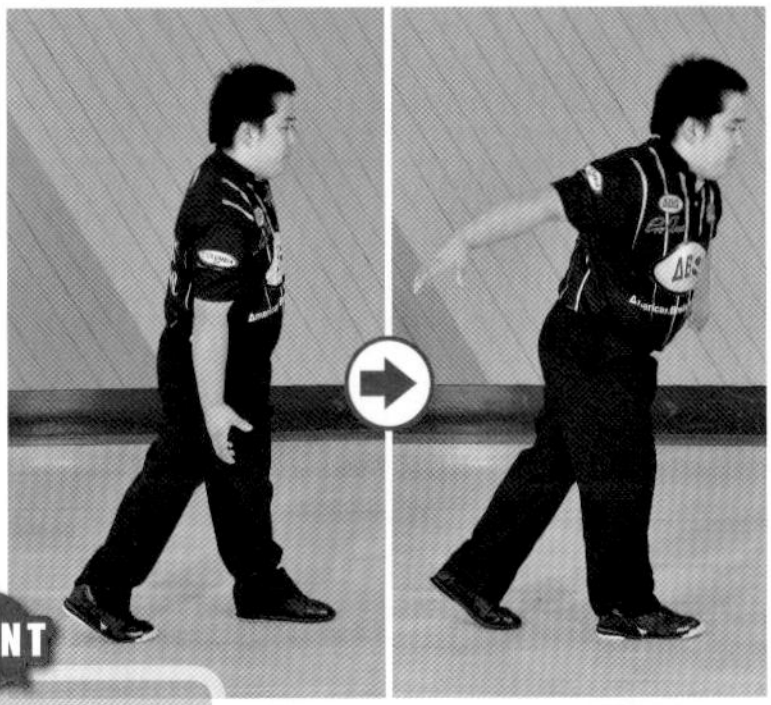

POINT 2

２と３歩は細かく徐々にスピードをあげる

ダウンスイングの間に２歩目のステップを踏み、３歩目でバックスイングの動作に移行する。ここまでの助走では半歩程度の歩幅で、徐々にスピードをあげていく。大またになるとフォームとタイミングがズレてしまうので、最適な歩幅を身につけよう。

POINT 3

利き足で押し出すように大きくスライドする

最後の４歩目は大きく踏み込み、スライドする。利き足で地面を蹴るイメージで、逆側の足を前に押し出すと上手くスライドすることができる。スライドしたらフォワードスイングをしながら踏ん張ってボールを前に押し、なるべく低い位置でリリースする。

+1 Advice

状況に応じて歩数を変える

ボールが曲がりやすいレーンコンディションでは、スタンスを左に寄せる必要がある。しかし、そのとき右のレーンで投げていた場合、ボールリターンが邪魔になる。その際にはボールリターンの前にあえて立ち、３歩助走で投げると良い。状況に応じて、歩数を変えよう。

ヒジを伸ばして前に出す

CHECK POINT!

1 腕を伸ばしてボールを前に出す
2 目線と腕、ツマ先をスパットへ向ける
3 利き足と利き腕を同時に出す意識を持つ

動画をチェック!

腕を伸ばしてボールを下ろしていく

プッシュアウェイとは、利き足の1歩目と同時に曲げていた腕を伸ばしてボールを前に出すことを言う。ヒジを伸ばして、ボールを押し出すイメージで動作しよう。このとき、目標とするスパットへ目線や腕、利き足のツマ先を向けると、安定したコントロールを得られるようになる。投球の精度を決定付けるフォームの初期動作なので、細かい部分ではあるがおろそかにしてはならない。

また、プッシュアウェイでボールを持つ位置によって、ボールのスピードを調節することができる。上向きにプッシュアウェイすれば、振り子スイングの遠心力を強めて、ボールにより強い力を加えられる。動作をマスターできたら、チャレンジしてみよう。

POINT 1

腕を伸ばして ボールを前に出す

アドレスの姿勢で胸の前に置いてあるボールを、利き足の助走1歩目と同時に腕を伸ばして、体の正面へと出す。ヒジは一直線にしないと力が入りやすくなり、フォームが崩れてしまうので注意。反対側の手も利き腕と同様に前に出し、ボールに添えておく。

POINT 2

目線と腕、ツマ先を スパットへと向ける

利き足の助走一歩目の踏み込みに合わせて、腕を伸ばす。このとき、目標とするスパットへと、目線と両腕、足のツマ先を向ける。この動作によってコントロールが安定するので、徹底して行おう。腕を伸ばしきったらそのままダウンスイングへと移行する。

POINT 3

利き足と利き腕を同時に 出さないとフォームが崩れる

利き腕と利き足を同時に出すのはタイミングが難しいが、スイングと助走は連動しているので、間違えるとフォームが崩れてしまう。４歩助走の１歩目と同時にプッシュアウェイをすることが大切。５歩助走にして１歩目のタイミングをとる方法もある。

+1 Advice

プッシュアウェイなくして 振り子スイングなし

基本的なフォームでもプッシュアウェイをしないと、ボールを腕の力で持ちあげなくてはならず、小さなスイングになってしまう。キレイな振り子スイングがストライクをとるためには必要不可欠なので、プッシュアウェイをおろそかにしてはならない。

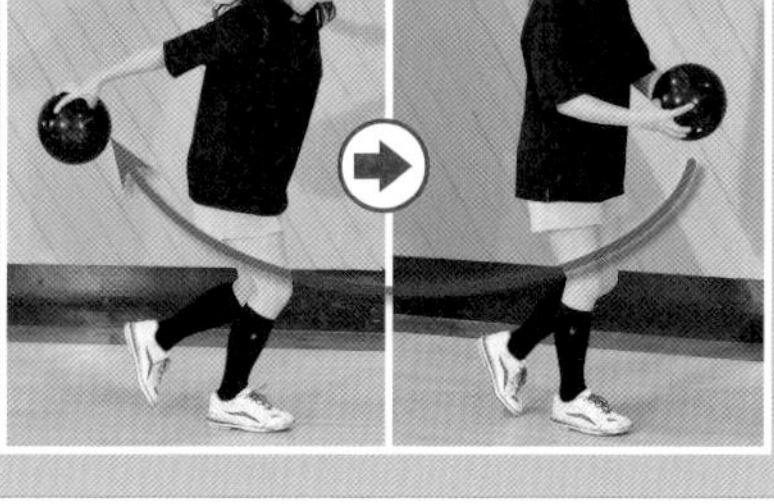

上体を保ちダウンスイングする

CHECK POINT!
1 ボールの重みで振り下ろす
2 腕と床を垂直にする
3 ヒザを曲げて前傾姿勢になる
動画をチェック!

ボールの重さを使って前傾姿勢を作る

プッシュアウェイでボールを前に出して腕を伸ばしきると、ボールが重みで自然と下りていく。そのボールが体の真横を通るまでの動作をダウンスイングと言う。力を抜いた状態で行う動作なので、上体が崩れないように注意して保つ。また、力んで体が左右にぶれないように気をつける必要がある。

ボールが下りきったときに、腕と床が垂直になる理想的なダウンスイングをすることができると、ボールが左右にブレない安定した振り子スイングが可能となる。イメージ通りの場所にボールを投げやすくなり、同時に遠心力をよりボールへと伝えやすくなる。

POINT 1

ボールの重みを使って自然に振り下ろす

ボールを持っているヒジを伸ばして、腕を一直線にする。その後、ボールは重みで自然と下りていく。この段階で腕に力を入れたり、スイングを意識する必要はない。上体が崩れないようにキープすれば、ボールを真下へと振り下ろすことができる。

POINT 2

腕と床を垂直にするとフォームが安定する

ダウンスイングの動作では、腕を真っ直ぐ前に出した後、床と腕が垂直になるイメージを持ってボールを下ろすことが重要。これにより左右にブレないスイングが可能になり、ボールに力を込めやすくなる。コントロールも安定する。

POINT 3

ヒザを曲げて前傾姿勢になる

ボールの重みで腕を振り下ろすと同時に、ヒザを曲げて体全体も一緒に沈めていく。下りてくるボールに合わせて、前傾姿勢になる。後方の足で次の踏み込みの準備をしておくと、スムーズに動作を進められる。タイミングを体で覚えよう。

+1 Advice

力みすぎると振り子スイングができない

パワーボールを投げようとするあまりに、ダウンスイングで力んでしまうと、軌道がブレてキレイな半円を描けなくなる。自分の腕の力は使わずに、ダウンスイングはボールの重みだけで行うようにしよう。

真っ直ぐボールを後ろにあげる

CHECK POINT!
1 真っ直ぐ後ろに振る
2 腰をまわさないよう注意
3 頭より高くボールをあげる

動画をチェック！

頭より高い位置にボールを振りあげる

ダウンスイングをしたら、バックスイングに移る。ボールに威力を与えるために重要な動作なので、正しいフォームを身につけよう。ポイントは、**真っ直ぐ後ろに振ること**。

このとき、腰がまわらないように注意する。腰がまわって正面から見たときにボールが体に隠れてしまうようだと、スイングするときに体が邪魔になって腕がまわりやすくなってしまう。腕が不安定になると、投球のコントロールが乱れる。

川添プロのフォームでは、強い前傾姿勢になるためボールが頭より高い位置まであがる。この高さがストライクをとるためのパワーとなる。

POINT 1

真っ直ぐ後ろにボールを振りあげる

ダウンスイング同様、ボールの重さを利用して、ボールを体の後ろへと振りあげる。腕を伸ばしきったまま、自分の体から最も遠い位置にボールを持っていくイメージで行う。腕が力むとワキが開くなどフォームが崩れるので、リラックスして行おう。

POINT 2

腰がまわらないよう上半身は正面に向ける

バックスイングの動作では腰がまわりやすいので注意が必要。腰がまわってしまうと、ボールをスイングする際に体が邪魔になり腕がまわりやすくなる。これにより投球のコントロールが乱れてしまうので、腰をしっかりと正面に向けて固定する。

POINT 3

頭より高くボールをあげる

前傾が強い川添プロのフォームでは、振ったボールの最高点が頭より高くなるようにバックスイングする。これにより遠心力とボールの重さを投球のパワーへと変えることができ、ストライクをとる確率があがる。

+1 Advice

2歩3歩の小刻みなステップ

バックスイングの動作中には4歩助走の2歩目と3歩目を踏む。ゆっくりとした1歩目から、この2回の小刻みなステップでスピードをあげていく。スイングと助走を連動して行うことによって、理想的なリリースが生まれるのだ。

頭の上からボールを振りおろす

CHECK POINT!

1 重心を落として振り下ろす
2 腕は力まず真っ直ぐ伸ばしたままにする
3 体の軸を意識してキープする

動画をチェック!

バックスイングからボールをスイングする

バックスイングで頭の上まであげたボールを、振り下ろす動作をフォワードスイングと言う。**ボールと体の両方が前方を向く動作なので、ボールの重さによる力と助走の勢いに身を任せるようにスイングすることがポイントだ。**力むと勢いを殺してしまい、さらに腕がまわるなどしてコントロールも失われてしまうので、自然な動作を心がける。

最後の1歩を踏み込む際は、助走のスピードが最も速くなる。このとき、上半身が崩れやすくなるので注意が必要だ。ボールに勢いをつけてパワーを与えるためにはなるべくエネルギーのロスを少なくスイングしなければならない。ワキをしっかりとしめて、ボールを振り下ろそう。

POINT 1

上体を安定させてスイングする

頭の上まであがったボールを下へとスイングするフォワードスイングでは、バックスイングからさらに重心を落とす。これにより上体が安定し、ボールに勢いが増す。前傾を意識するあまり、軸がブレないように注意する。

POINT 2

腕は真っ直ぐにし勢いに身を任せる

フォワードスイングでは上半身に力を込めない。スイングはボールの重みを利用し、助走スピードが最速になるのでその勢いを殺さないように集中する。腕が力むと勢いを殺してしまい、さらにコントロールも乱れるので、自然な動作でスイングしよう。

POINT 3

上半身の軸をキープする

川添プロのフォームでは前傾になるので、上半身が曲がっているように見えるが、しっかりと体の軸をキープしている。軸が安定しているからこそ、優れた投球を繰り返すことができるのだ。体の軸を意識してフォワードスイングに取り組もう。

+1 Advice

目線と足先はスパットへ体をひねらないよう注意

フォワードスイングの動作中は、目線と助走の最後の1歩のツマ先を目標スパットへと向ける。なお、正面から見て利き腕が体に隠れてしまうのはフォームが崩れている証拠なので、体をひねらないようにしよう。

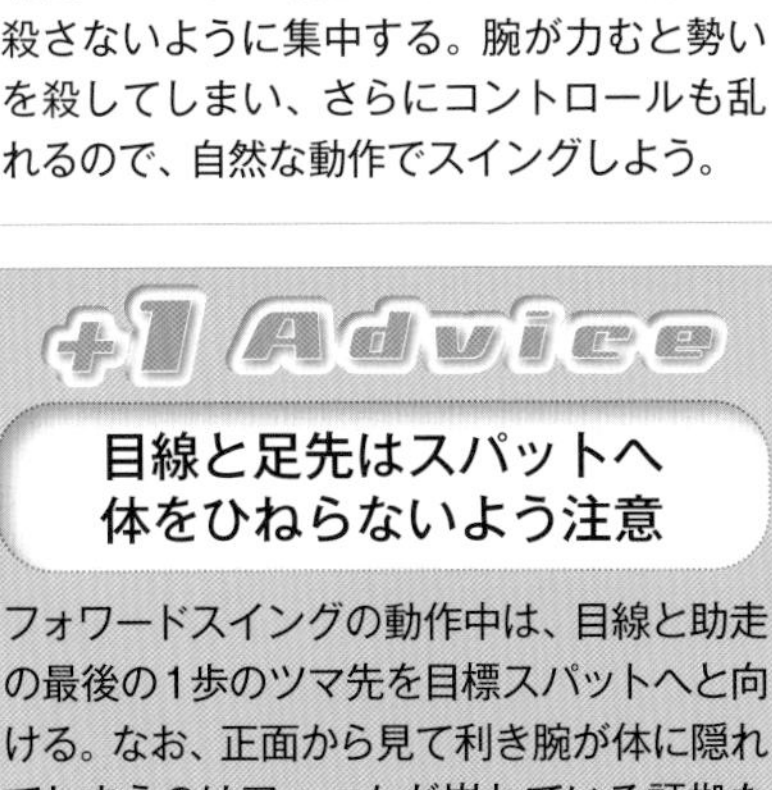

スライドを大きく低く投げる

CHECK POINT!

1. 最後の1歩で足をすべらせる
2. 大きく足を開いて低い位置で投げる
3. レベレージでボールに力を込める

足をすべらせてレベレージをとる

助走の最後の一歩で、靴底をすべらせることをスライドと言う。この動作によって、助走の勢いをボールに伝えることができるようになる。**スライドをする際のポイントは、なるべく大きく行うことだ。スライドが大きければ、それだけリリースポイントを長くすることができる。**

何故リリースポイントを長くすることが良いかと言うと、体側でボールを押す距離をレベレージと言い、このレベレージが長いほどボールをより前に運べるので、初速を速められるのである。また、ボールを長く持っていれば回転もかけやすくなるので、変化が鋭くなる。

ボールスピードは力ではなく、レベレージによってあげることができるのだ。

POINT 1

最後の助走はすべらせ なるべく大きく

助走の最後の一歩である4歩目は、体のバランスを保つことができる限り、なるべく大きく前に踏み込む。このときのポイントは、靴の底をすべらせること。スライドの動作によって、助走の勢いをそのままボールに伝えられるようになる。

POINT 2

足を大きく開いて 低い位置でリリース

体側からリリースするまでの距離をレベレージと言う。大きく足を開いてレベレージを充分にとることができると、ボールをその分前に運べるので、初速が速くなる。長くボールを持って低い位置でリリースすることが重要なポイントなのだ。

POINT 3

人は体側でしかボールを押せない レベレージで力を込める

人は構造上、体側でしかボールを押すことができない。逆に言えばスライドで足を開いてレベレージを作れば、筋力が低くても力のあるボールを投げられるということだ。スイングと助走の勢いをレベレージでボールへと伝えよう。

+1 Advice

力でスピードを出そうとすると 体に負担がかかる

パワーボールを投げるために、筋力を使ってボールを投げる方法はコントロールしづらく、体に負担がかかるのでケガを負う危険がある。腕が体から離れるミスもしやすくなる。ボウリングにも筋力は必要だが、重要なのはスイングとタイミングなのだ。

リリースは真っ直ぐ抜く

CHECK POINT!
1 体側でボールを押し出す
2 親指を10時に向けて真っ直ぐ振り抜く
3 顔の高さまでフォロースルー

動画をチェック!

スイングと助走の勢いをボールに込めてリリース

フォワードスイングして腕を振り下ろし、ボールが体側を通ってからがリリースの動作。**スライドで作ったレベレージの中で、いかに助走とスイングの勢いをボールに込められるかが重要となる。**

リリースのポイントは、ボールをどれだけ前に運べるか。指先でボールを引っかけるようなイメージを持って、前に出ている足のツマ先の位置でボールを放すことができると良い。リリースはボールに回転をかけるための大事な動作なので、投げ込みの練習で感触をつかもう。

投球フォームはボールの重みを使った動作が多いが、リリースにおいては押し出したり回転をかけたり自分の力が必要となる。正確な動作でストライクをとろう。

POINT 1 ボールが体側に来たら前に押し出す

フォワードスイングでボールが体側に来たら、ボールを自分の力で押せるようになるので、力を込めて押し出す。レベレージを充分にとっていればその距離が長くなるので、ボールをできる限り前に押し出す。力みすぎるとフォームが崩れるので注意。

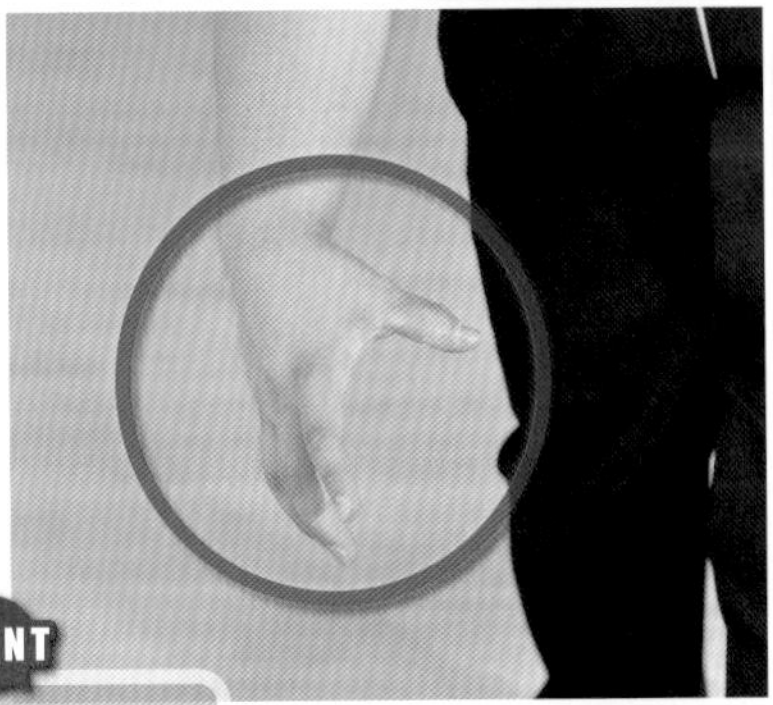

POINT 2 親指を10時に向けて真っ直ぐ抜く

ボールを押し出したら、親指を抜く。このとき、親指を時計の針で言う10時の方向に向けてリリースできると理想的。また、助走とスイングの力をボールに伝えるためには真っ直ぐ振り抜くことが重要だ。踏み込んだ足のツマ先の位置でボールを放そう。

POINT 3 腕を顔の高さまであげフォロースルー

ボールをリリースしたら、腕をそのまま振り子の半円を描く動きで顔の高さまで振り抜く。フォロースルーをしっかりと行うことで、ボールに強い回転をかけることができる。腕に力が入っていると途中で止まりやすくなるので、力を抜いて振り抜こう。

+1 Advice

手首を動かすとケガをするので注意

リリースではヒジから手までを一直線にする。手首を必要以上に動かしてしまうと、ボールの重みでケガをしてしまうので注意が必要だ。手首が動くのは大振りが原因なので、正しいフォームを意識しよう。

0歩1歩で投げてタイミングをつかむ

CHECK POINT!
1 スライド後の形を作る
2 腕を振って勢いをつける
3 ゆっくりとリリースする

動画をチェック!

ゆっくりと投げてリリースをマスターする

指が全て同時に抜けてしまったり、勢いを殺してしまうなど、リリースでミスをしてしまう場合には、0歩もしくは1歩の助走で投げる練習をする。**これにより、助走しない分ボールの動きのみに集中して投げられるので、リリースの感覚をつかむことができる。**

ファウルラインから1.5ｍほどの場所に立ち、そこから踏み込んで助走の最後の一歩でスライドした形を作る。しっかりとスライドしレベレージを長くとらないと、威力のあるボールを投げられないので注意する。またこの練習はリリースの確認が目的なので、ゆっくりと行うことがポイント。雑なフォームでは練習にならないので、助走をしないところ以外は通常通り投げる。

POINT 1

踏み込んでスライドした形を作る

ファウルラインから1.5m離れた地点から、大きく足を開いて、助走の最後の1歩を踏み込んだ形を作る。前傾姿勢になり、体側でボールを押すためのレベレージを充分とる。このレベレージを長くとらないと、威力のあるボールを投げることができない。

POINT 2

助走がないので腕を振って勢いをつける

0歩助走はバックスイングまでの動作を省略して投げるので、ボールに勢いをつけられない。勢いをつけるために、ボールを数回振る。この動作で遠心力を与えることができれば、助走なしでもボールに威力をつけられる。

POINT 3

フォワードスイングし確認しながらリリース

ボールを体側で数回振ったら、タイミングをとってフォワードスイングに移る。いつもならばボールを押し出すところだが、0歩助走では力を込めない。リリースも同様に腕全体をリラックスさせてゆっくりと行う。動きを確認しながら行おう。

+1 Advice

1歩助走でスライドを確認する

1歩助走では、ファウルラインから1.5m地点で構えて、上半身はほぼ通常通りの動作をして投げる。0歩とは異なりスライドを動きの中で行うため、大きく足を開くキック力とレベレージの長さを確認できる。

鏡を使ってフォームチェックする

CHECK POINT!
1 鏡を正面に置いて助走とスイング
2 自宅のすべりやすい場所で行う
3 体への負担がほとんどない練習法

ボールを持たずに鏡に向かって投げる

ボウリングの練習法の一つに「シャドーボウル」というものがある。**自分の正面に鏡を置き、ボールを持たずに助走とスイングをすることによって、自分の投球フォームをチェックできる。**じゅうたんが敷いてある場所や廊下など、すべりやすい場所を自宅の中で見つけて、投球フォームを再現してみよう。ボールがないとイメージしづらいという人は、ソフトボールなど重みがあり、しっかりとつかめるもので代用しよう。

自宅の練習で助走やスイングなどを見直して最良のフォームを作り、いいイメージをボウリング場へ持って行くことができれば、ストライクをとる確率があがる。体への負担がほとんどない練習なので、ケガの不安もない。空いた時間に取り組もう。

PART 3

ワンランク上のテクニックをマスターする

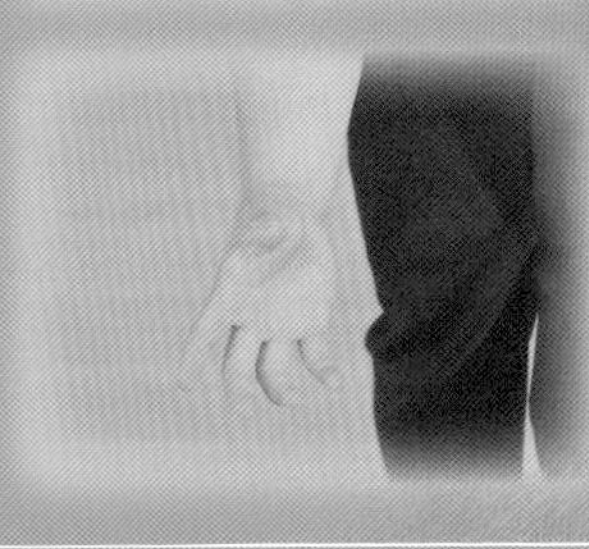

入射角3度から6度で1番ピンに当てる

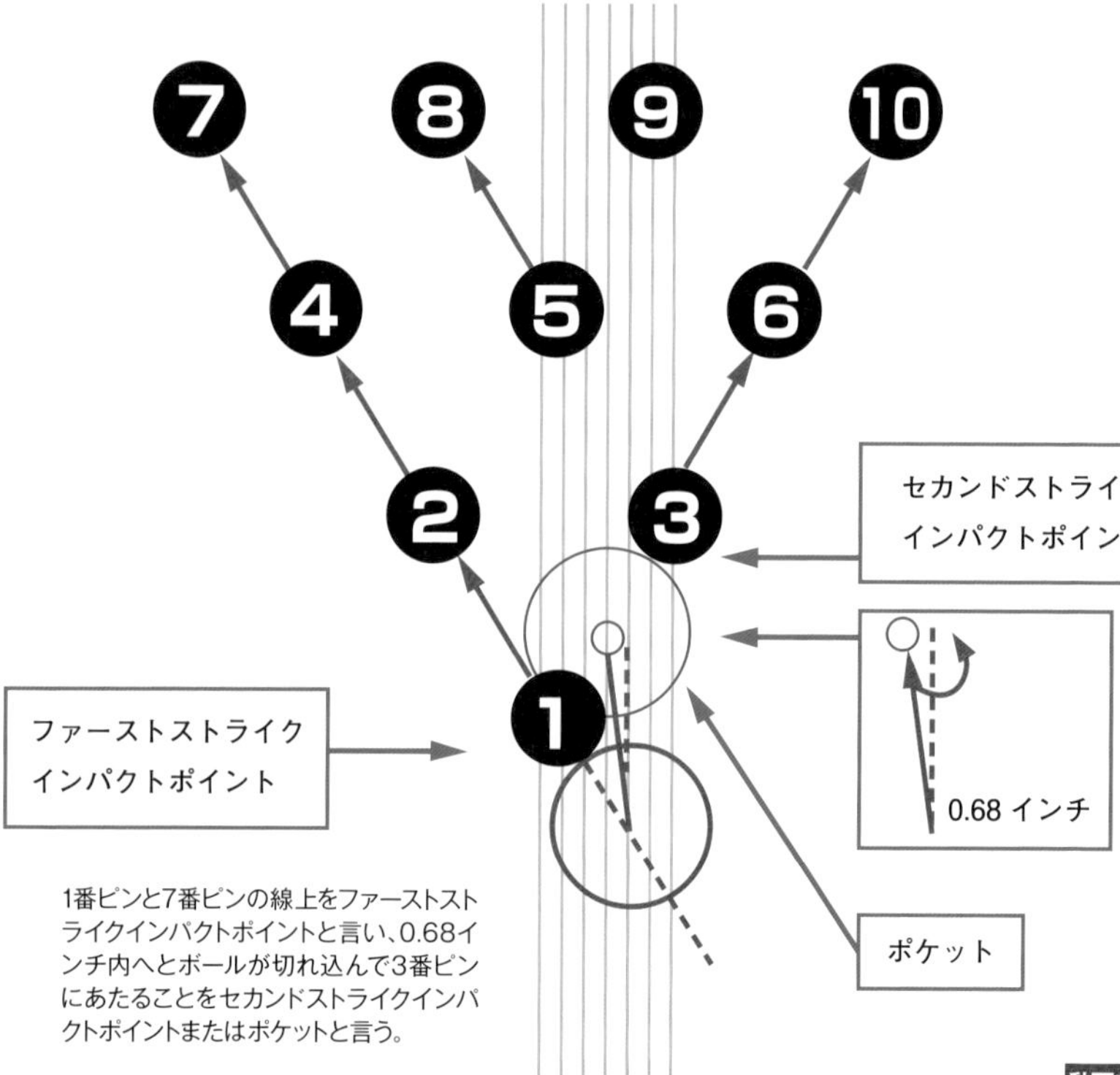

1番ピンと7番ピンの線上をファーストストライクインパクトポイントと言い、0.68インチ内へとボールが切れ込んで3番ピンにあたることをセカンドストライクインパクトポイントまたはポケットと言う。

CHECK POINT!

1. 入射角3度から6度がストライクの確率をあげる
2. ピンがピンを倒していく
3. 理想の軌道でストライクをとる

動画をチェック!

ストライクを確実にとれる理論を知る

ボウリングには、ストライクを確実にとるボールの軌道がある。これを「パーフェクトストライク」と言い、トッププロが量産するストライクの源となっている。

ボールを入射角約3度でポケットに入れる。この角度に投げることにより、1番ピンと7番ピンを結ぶ軌道にボールを乗せることができる。1番ピンは2、4、7番ピンに当たり、倒れる。3番ピンは6、10番ピンを倒す。ボールは進み5番ピンに当たり、弾けたピンが8番ピンを倒す。そして残った9番ピンを最後にボールが倒す。以上のような軌道を描くボールがパーフェクトストライクだ。理論を学んでストライクを量産できる投球をしよう。

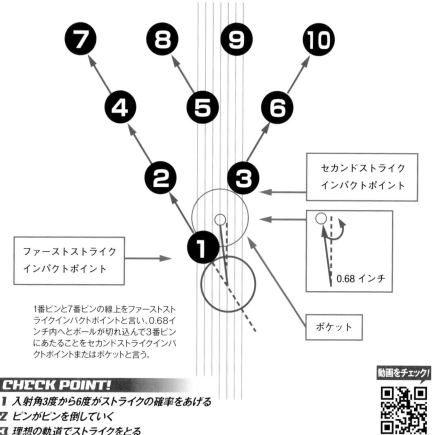

POINT 1

入射角3度で1番7番ピンを結んだ線上にボールを当てる

パーフェクトストライク理論では３度から６度が入射角の理想とされるが、川添プロは３度を意識して投げる。この狙いによって、１番と７番ピンを結ぶ線上とボールの軌道を近づけ、パーフェクトストライクを量産しているのだ。

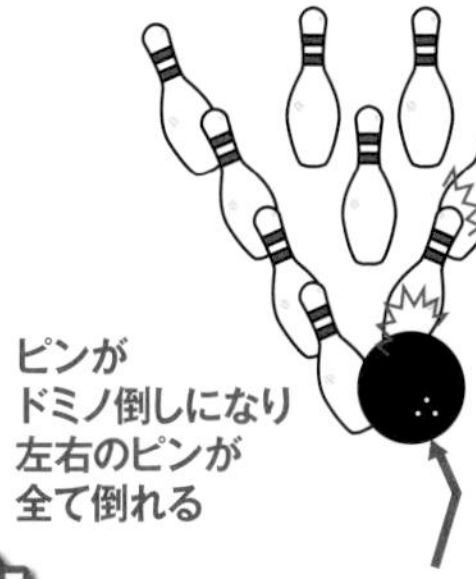
ピンが
ドミノ倒しになり
左右のピンが
全て倒れる

POINT 2

3番ピンに当たり6番10番ピンを倒す

３番ピンは６番と10番ピンを倒す。入射角だけではパーフェクトストライクは達成できない。ピンに当たる軌道までイメージした投球をしなければならないのだ。練習を積み重ねて、軌道を身につけよう。

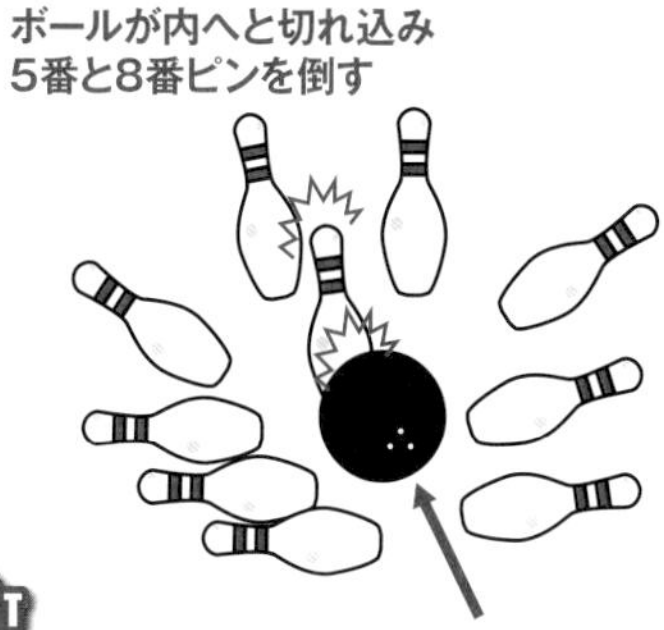
ボールが内へと切れ込み
5番と8番ピンを倒す

POINT 3

5番ピンに当たり弾かれて8番ピンを倒す

ピンを倒しながらボールは進み、５番ピンに当たる。そして弾かれた５番ピンがナナメ後ろの８番ピンを倒す。ピンが弾かれてからの移動方向までも、パーフェクトストライク理論には含まれているので、軌道に乗せればストライクをとれるのだ。

+1 Advice

ボールに威力がないと9番ピンを倒せない

９番ピンが最後に残ってしまうが、パーフェクトストライクの軌道上にあるのでボールによって倒される。しかし、ボールに威力がないと軌道がそれて９番ピンが残ってしまう可能性がある。しっかりとした投球フォームでパワーのあるボールを投げよう。

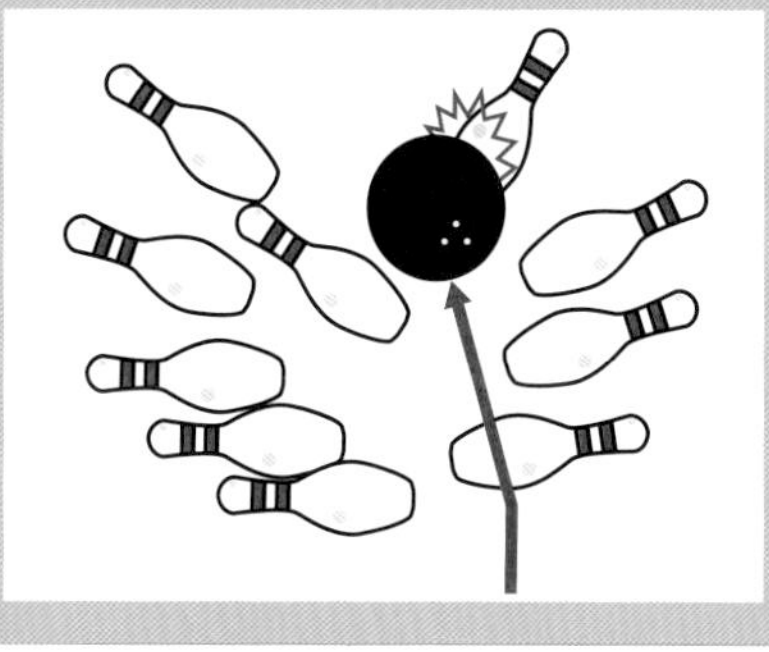

カーブボールとストレートの性質を知る

ストライクをとるためにはカーブボールが必須

パーフェクトストライクのためには変化球が必須。カーブさせて理想の軌道にボールを乗せるのだ。また、変化球を身につけておくことで、ゲーム中に起こる様々な状況に対応できるようになる。

ボウリングにおいて変化球とは「カーブボール（＝フックボール）」のことを指し、変化の大きさによって二つにわけられる。曲がりの小さいカーブはピンの直前で曲がるボールで、レーンコンディションに影響されづらい性質を持っている。曲がりの大きいカーブは横回転による威力の高いボールで、大きなピンアクションを起こすことができる。

2つのカーブボールにストレートを加えた3つを基本として投げわけよう。

POINT 1 曲がりの小さなカーブ ピンの手前で変化する

曲がりの小さなカーブは、タテ回転と横回転を同時に加えたボールで、ピンの手前でフックのように内側へ軌道を変える。また、レーンのコンディションに影響を受けづらいという性質もある。ストライクを狙う上で確実にマスターしておきたい変化球だ。

POINT 2 強い横回転で大きく曲がるカーブ

曲がりの大きいカーブは、ボールに強い横回転をかけることで大きな変化を生む。回転量が多いため威力も高く、ピンを大きく弾くことができる。その反面、コントロールの難易度が高く、レーンの状態によってはイメージ通りの軌道を描けない欠点がある。

POINT 3 コントロールしやすいストレートボール

ボウリングにおいて最もコントロールしやすいのがストレート。タテ回転のボールで、初心者でも投げやすい。しかし、カーブにくらべて威力に劣るのでピンがあまり動かない。そのためストライクを狙いづらい。基本的に、スペアを狙う際に使われる。

+1 Advice

ピンに薄く当てると横へと飛ばせる

ボールが当たる場所によって、ピンアクションは変化する。正面から当てることを「厚く当てる」と言い、ピンは後方へと飛ぶ。反対に端に当てることを「薄く当てる」と言い、ピンが横方向へと飛ぶので、他のピンを倒しやすい。スペアを狙う際に必要となる技術だ。

ピンの手前で内側に変化させる

コントロールとパワーを両方備えたボール

ストライクを狙う上で、マスターしておく必要があるのが曲がりの小さいカーブだ。タテの回転と横の回転を持ったボールであるため、ピンの手前で内側へと切れ込む。上手くコントロールできると、パーフェクトストライクの軌道へと運びやすい。レーンコンディションの影響を受けづらいので非常に使い勝手が良く、スペアを狙う際にも使える。

ポイントは親指の方向。リリースで10時の方向に向けることによって、ボールに自然と回転がかかる。手首を固定できないと回転量が減少してしまうので、注意する必要がある。2番スパットを目標にして投げれば、ストライクの確率をあげられるので、狙ってみよう。

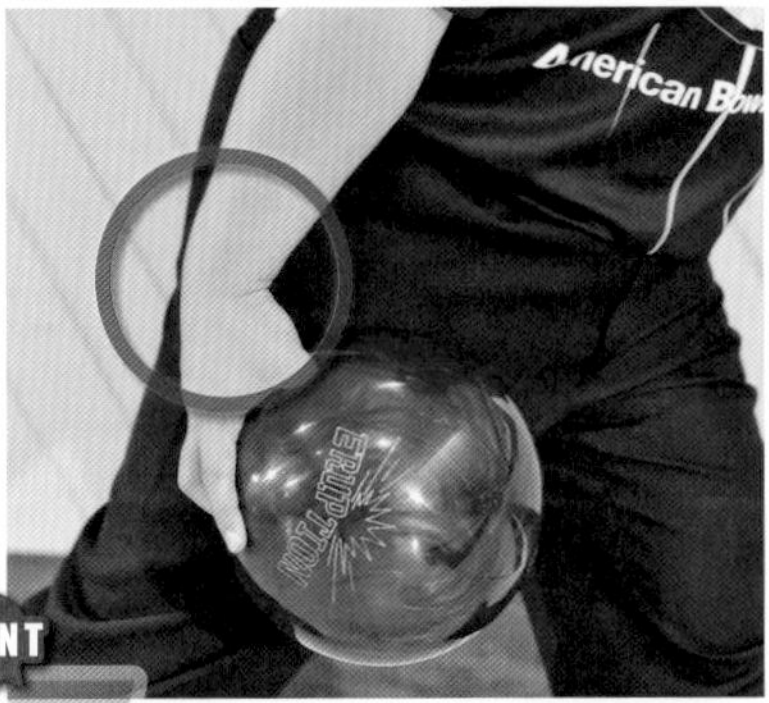

POINT 1

手首の角度を開いて回転をかける

手首に角度をつけてボールを握り、ヒジを伸ばし腕を一直線にして振り下ろす。その腕の形を崩さずにフォワードスイングまでの動作をする。リリースの瞬間に手首につけた角度を開いて投球すると、鋭く変化する曲がりの小さなカーブを投げられる。

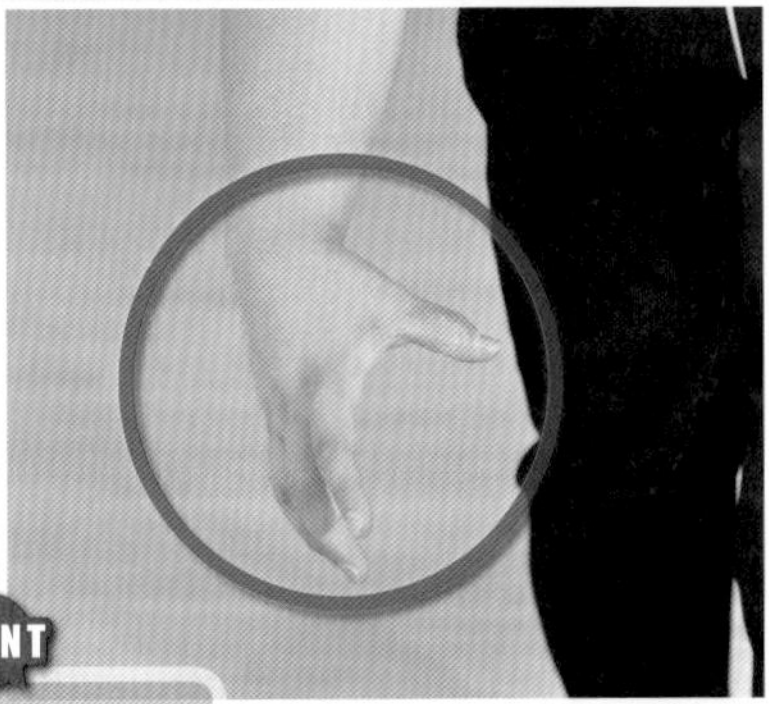

POINT 2

親指を10時の方向に向けボールの右半分を回すように

親指をピンに対して10時の方向に向ける。これにより、中指が５時、薬指が６時の位置に来る。ボールの右半分のみを回転させるイメージを持ってリリースすると、タテと横の回転を兼ね備えたボールを投げることができる。練習してマスターしよう。

POINT 3

やや右側に立ち2番スパットを目標にする

スタンスを中心よりやや右側に動かしてストライクを狙う。投球の目標は２番スパットがセオリー。ピンの手前で変化する曲がりの小さいカーブボールを投げるには最良の位置だ。試合では、レーンコンディションから変化の具合を読みとって調整する。

+1 Advice

ハウスボールだとボールは変化しにくい

回転をかけて変化させるためには、親指にピッタリと合うボールが必要となる。つまり、万人用に作られているハウスボールだと変化をかけづらい。マイボールを作って鋭い変化球を投げ、ストライクをとろう。

強い回転をかけたボールでピンを弾く

CHECK POINT!
1 ヒジを使ってさらに回転をかける
2 親指の先を体に向ける
3 中央から2番スパットを狙う

強い横回転が大きいピンアクションを生む

強い横回転をかける曲がりの大きいカーブは、威力が高い。**大きなピンアクションを生み出すことができるので、ストライクを狙えるボールだ。**その反面、リリース直後から大きな弧を描く変化をするので、レーンの状態によってはイメージ通りに進まなかったり、コントロールしづらかったりと欠点もある。

ボールを抱えるようにヒジを曲げてスイングし、リリース時に手首を返して回転をかけるのが投げ方のポイント。下から上へと振りあげるようなイメージを持って投球するとよい。しかし、曲げる意識が強すぎるとフォームが崩れるので、注意が必要だ。

変化が大きいので、スタンスの位置を真ん中にして2番スパットを狙おう。

POINT 1

ヒジを使って さらに回転をかける

フォワードスイングの動作で、利き腕のヒジを軽く曲げてボールを振り下ろす。ボールが体側を通りリリースへと動作を移行したら、手首を返す。下から上へ、ボールを抱え込むようにして横回転をかける。強い回転をかけて、ピンを大きく弾こう。

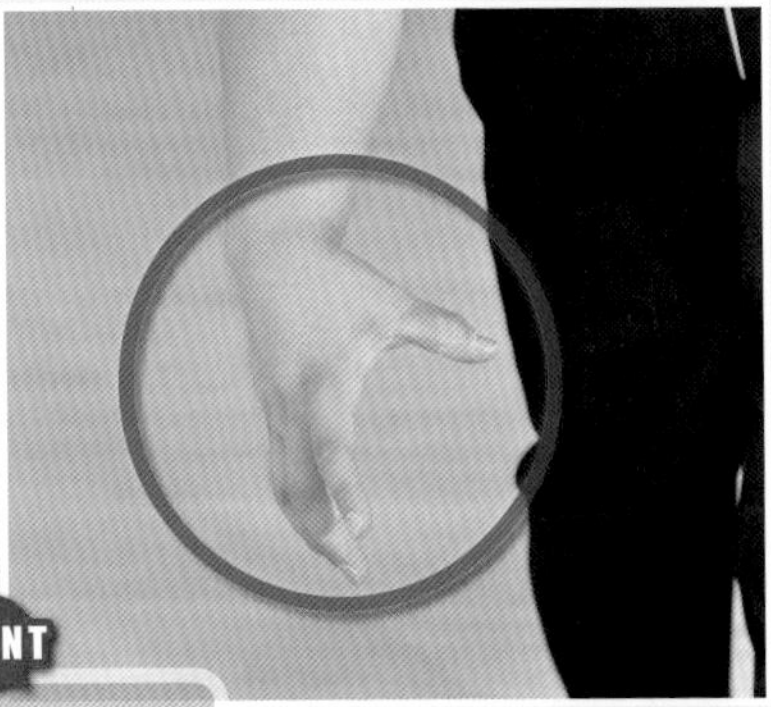

POINT 2

親指の先を体に向ける そのまま振り抜く

リリースに動作を移したら、親指を体の方向に向ける。手のひらを使ってボールを抱えるようにして、リリース時に振りあげて回転をかける。回転をかけようと意識しすぎると、腕が内側へと流れてしまい、コントロールしづらくなる。真上に振り抜こう。

POINT 3

中央から投げ 2番スパットを狙う

曲がりの大きいカーブボールにおいても、目標は２番スパット。中央でリリースし２番スパットを通せば、変化が強いボールでもポケットにコントロールできる。回転を強くかけられる人は、やや左にスタンスを寄せて調整するとよい。

+1 Advice

回転量を増やして 自分の軌道を知る

カーブボールの変化には人によって違いがある。これは回転量の個人差によるものだ。正しいフォームで投げて回転量をチェックし、ボールの軌道を把握しておこう。これにより、イメージと実際の軌道の差を減らすことができ、安定したコントロールを得られる。

ボールを押し出して真っ直ぐ投げる

コントロールしやすい軌道の安定したボール

ストレートボールはボウリングにおける基本である。軌道が真っ直ぐなのでレーンコンディションの影響をほとんど受けない。そのため、スペアを狙う際に重宝される。しかしながらタテ回転は他の球種にパワー面で劣るので、ストライクを狙うことは難しい。

投げ方は、手首まで腕を一直線に固定して、そのままボールを押し出すイメージでリリースする。指先が前向きになるように振り抜く。手首を動かしてしまうと回転がかかり、軌道が乱れるので注意。

ストレートの高いコントロール性を得ることができれば、スプリットをとれる確率がアップするので、しっかり練習しよう。

POINT 1

手首を動かさないようにボールを前へ押す

動かないように手首を固定して、前へとフォワードスイングする。リリースの動作に移り、ボールを押し出すイメージで腕を振る。途中で親指が自然と抜けるので、中指と薬指でさらに押し出す。腕を振りあげて、フォロースルーをしっかりと行おう。

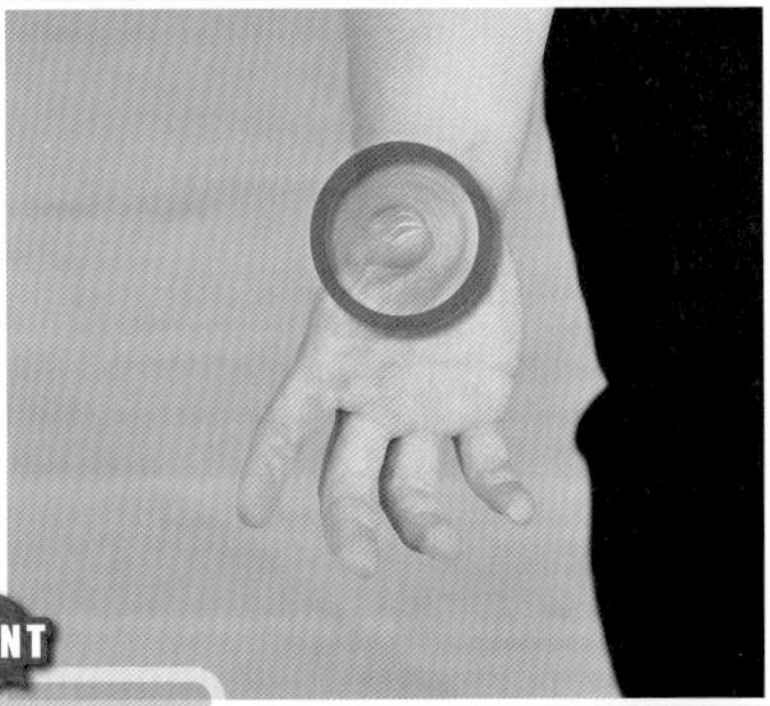

POINT 2

親指を上にして固定する

親指を上にしてボールを握る。この状態をリリースするまで維持することが、キレイなタテ回転をかけるポイントになる。指を使うというよりは、手の平でボールを押し出すようなイメージを持つと良い。手首をしっかりと固定することも大切。

POINT 3

コントロール性を生かしてスペアを狙う

ストレートボールは球種の中で最もコントロール性が高いため、基本的にスペアを狙う際に使う。スペアのとりこぼしを減らせばスコアアップが見込める。さらに、練習によって投球の質を高めれば、難易度の高いスプリットの攻略にも役立つ。

+1 Advice

回転は手首の角度によってかかる

ストレートとカーブでは軌道に大きな差があるが、投球フォームは同じである。違う部分は手首だ。手首の角度のことを「カップ」といい、リリース時に角度をつけ、放す瞬間にその角度をほどくことによってボールに回転がかかる。

残り1ピンの狙いを知る

CHECK POINT!
1 カーブで端のピンを倒す
2 ストレートで角度をつけて投げる
3 ストレートとカーブを使い分ける

動画をチェック!

スペアをとって好成績を残す

ボウリングにおいて好成績を残す1番の近道は当然ストライクだが、ゲームを通してストライクをとり続けるのは至難の業だ。どうしても残ってしまうピンを確実にとってスペアをとる技術が、スコアアップのためには重要になる。練習スケジュールにスペアパターンを盛り込もう。また、コントロール重視の練習は、ストライクを狙う際にも充分に生かすことができる。

ストライクをとる感触があったのにも関わらず、1ピンが残ることはプレー中によく起こる。後方のピンが多くの場合残るので、スタンスと狙うスパットを知って、落ち着いて対処しよう。失敗してもメンタルを崩さずにスペアをとることができると、逆に調子があがる場合もある。

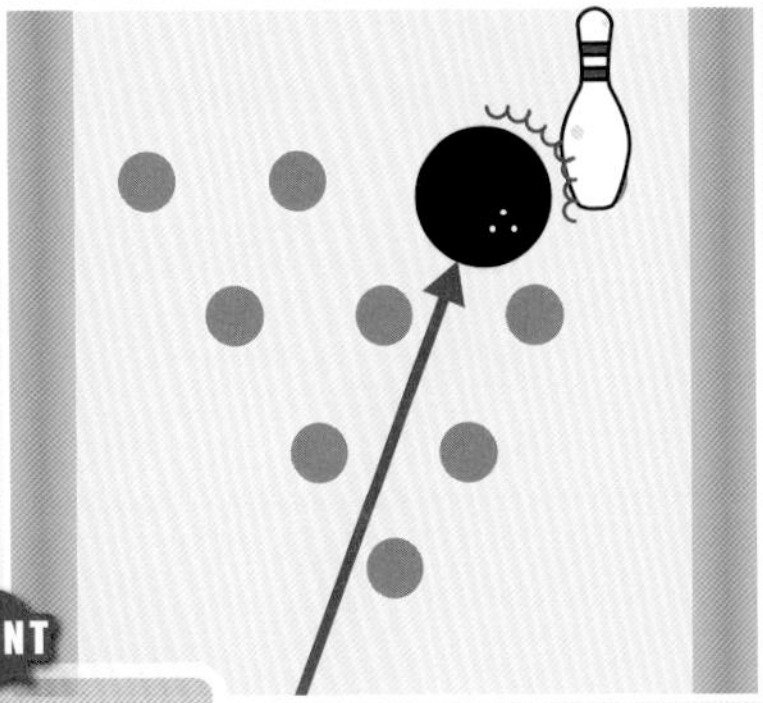

POINT 2

10番ピンが残る 右端へ角度をつけて投げる

10番ピンが残った場合に、右端からスローボールを投げる人が多いが、これはガターに入りやすい悪い方法。左に寄ってスタンスし、真ん中のスパットを目標にした方がとりやすい。対角線に角度をつけて投げよう。左利きならばカーブボールで狙う。

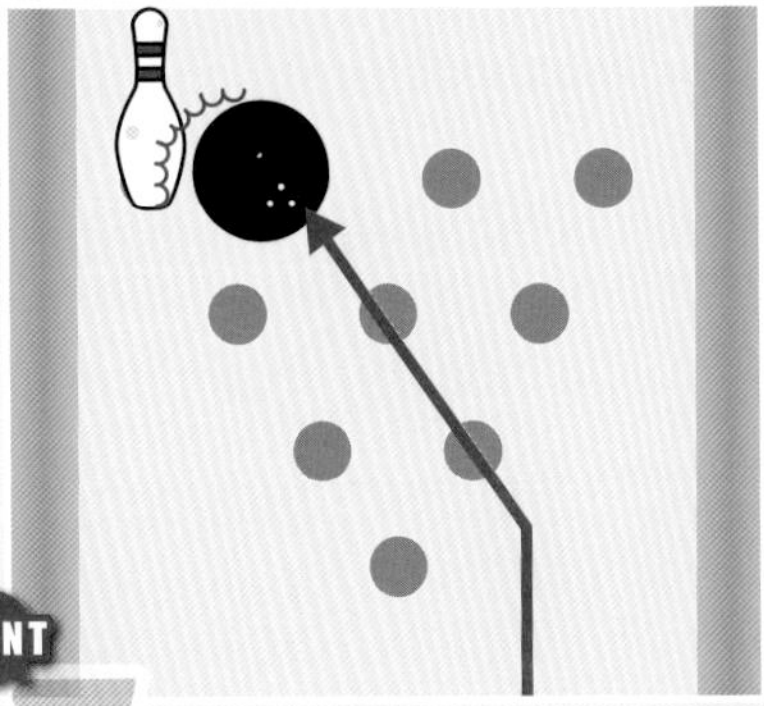

POINT 1

7番ピンが残る 左端も同様に角度をつける

端のピンは残る確率が高いので、練習をしておく必要がある。7番ピンが残った場合には、右寄りにスタンスし、ストライクターゲットを目標にして曲がりの小さなカーブボールを投げる。ピンの正面に当てる意識で投げると、ミスを減らすことができる。

+1 Advice

1ピンが残る理由は入射角の甘さ

いつも1ピンが残ってしまうという人は、ボールのポケットへの入射角に問題がある。深すぎや浅すぎではパーフェクトストライク理論の軌道は描けない。理想の角度を得るために、コントロールを重視する練習を取り入れよう。

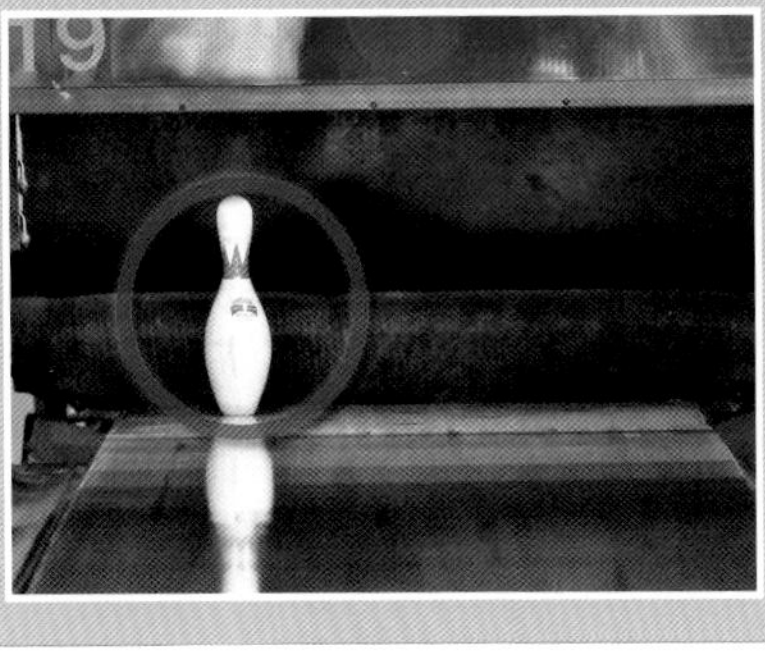

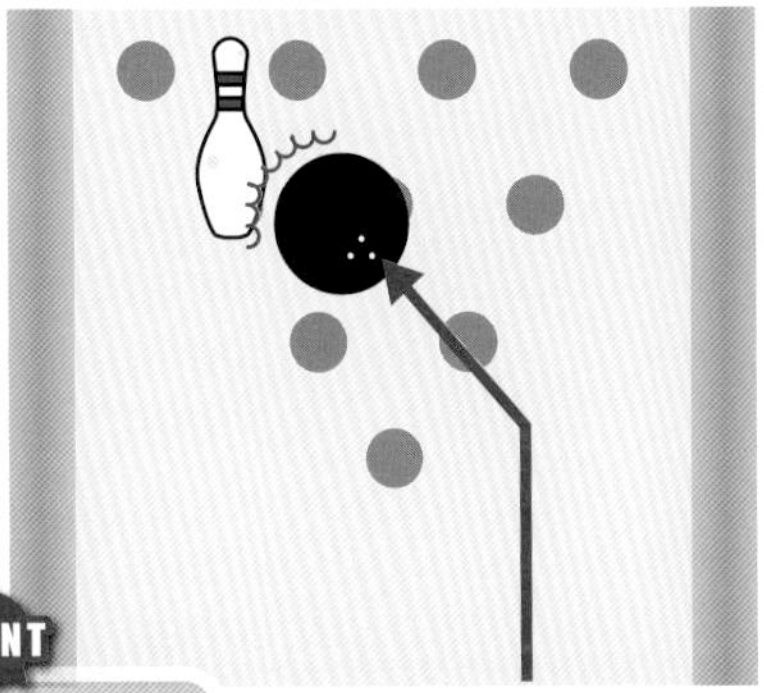

POINT 3

4番ピンが残る 7番ピンと同じ狙い

4番ピンが残った場合には、7番ピンとほぼ同じストライクを狙う投げ方。しかしピンが手前にあるので、ストライクターゲットを目標にして、7番ピンの狙いから軌道をやや変える必要がある。変化球に自信がないのであれば、ストレートでも問題ない。

残り2ピンの狙いを知る

CHECK POINT!
1 タテ並びに残ったら手前のピンに当てる
2 右端に2ピン残ったら左端から投げる
3 横並びに2ピン残ったらピンの間に投げる

動画をチェック!

変化球のスペアパターンを身につける

複数のピンが残った場合には、ボールの軌道をイメージすることが重要になる。コントロールの精度とピンアクションを予想する能力が要求される。

2ピンが前後左右に隣り合っている場合には、1ピンのスペアパターンとほぼ同じ投げ方で攻略できる。左右の端の位置で残ることが多いので、しっかりと角度をつけて投げればスペアをとれる。ピン同士に間が空いている場合には、変化球やピンの間を通すコースに投げて倒そう。

レーンの端への投球に苦手意識を持っているボウラーは、対角線のコースにストレートボールを投げる練習をしよう。これにより、ガターのプレッシャーを受けずに投げられるようになる。

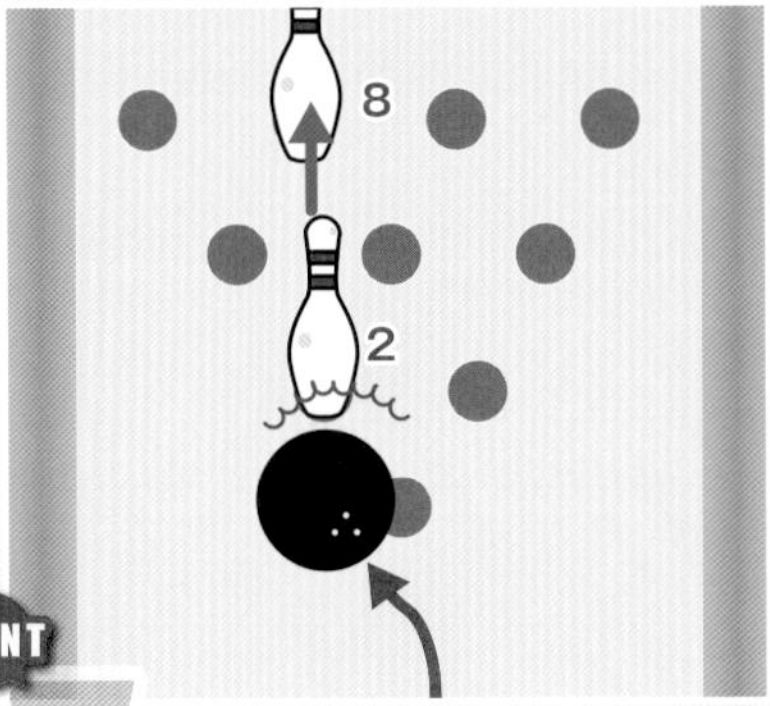

POINT 1

2番8番ピンが残る タテに間が空いている

甘く入ったときに、2番と8番のピンが残ることがある。曲がりの小さなカーブボールを2番ピンの正面に当てて後方に飛ばし、8番ピンを倒す。やや右寄りにスタンスし、3番スパットを狙って投げよう。または、ストレートボールで直線的に倒す。

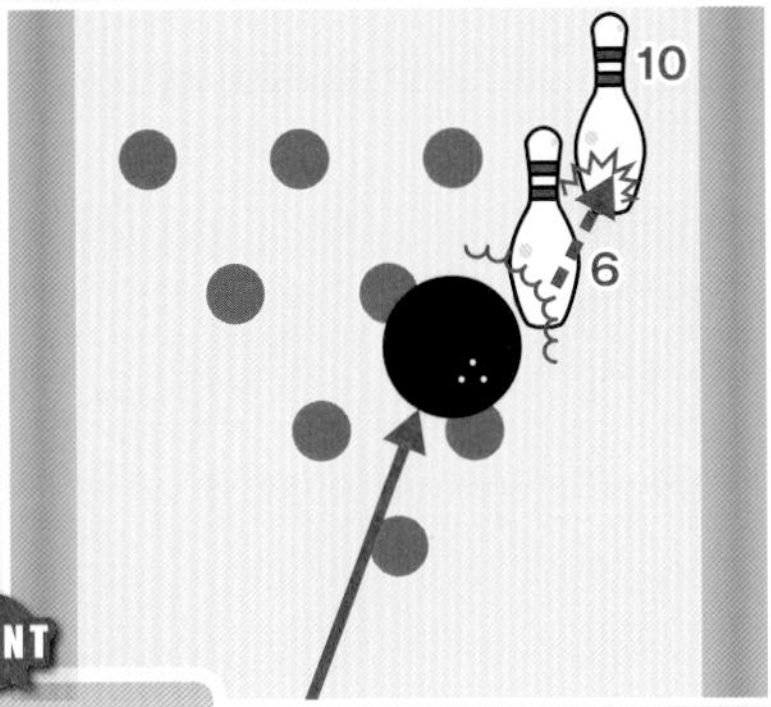

POINT 2

6番10番ピンが残る 隣接している

ピンがレーンの端に残る場合は非常に多い。右端の6番と10番のピンが残ってしまったら、10番ピンだけを倒すつもりで投球する。中央からやや左に寄ってスタンスし、4番スパットを目標にして投げる。コースに角度がついて、右端へ運ぶことができる。

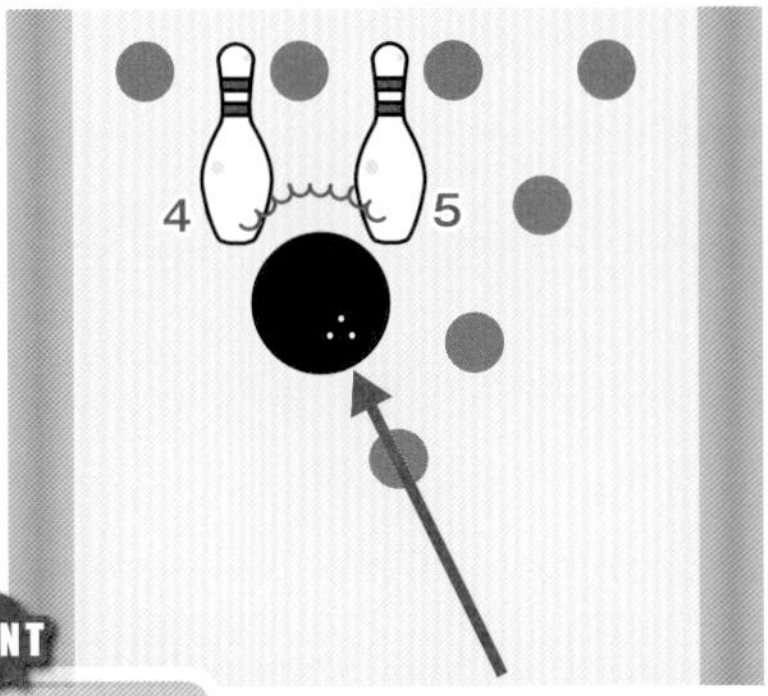

POINT 3

4番5番ピンが残る 横並びになる

4番と5番のピンが横並びに残った場合には、ストレートボールを中央よりやや右側から3番スパットを通して投げる。ピンが間を空けて並んでいるので、その間にボールを通すイメージ。曲がりの小さなカーブボールで2ピンをこすらせる方法もある。

+1 Advice

曲がりの小さなカーブを使ってスペアをとる

1ピンが残るパターンはストレートボールだけでも攻略することができるが、複数のピンが残った場合には、変化球も必要になる。またピンアクションでスペアを狙うためには、ピンに薄く当てるコントロール技術が必要になるので、しっかりマスターしよう。

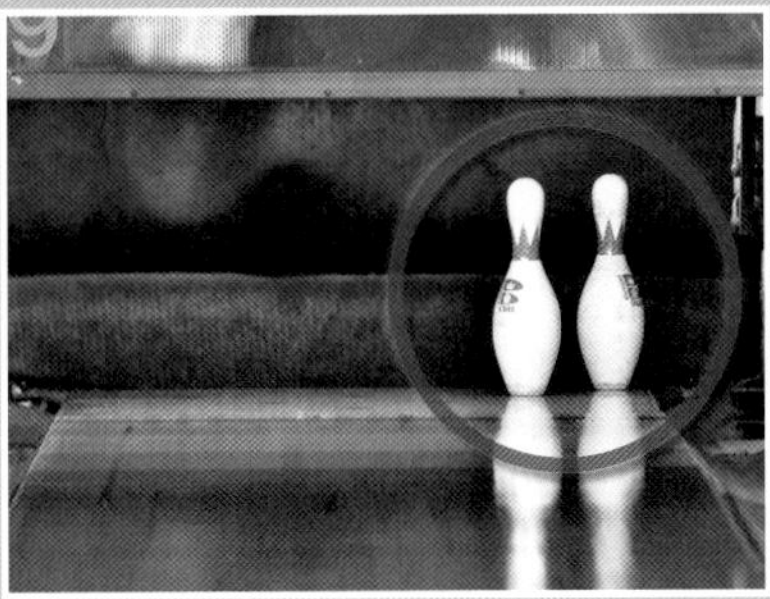

残り3ピンの狙いを知る

CHECK POINT!
1 右端にタテ並びに残ったらストレートで倒す
2 左側に固まって残ったら右から角度をつける
3 左端にタテ並びに残ったらカーブを使う
動画をチェック!

ピンの間に投げるコントロール技術が必要

投球のコースが甘くボールが左右どちらかに流れてしまうと、3本のピンが残ってしまう。しかし、ピンがバラバラに並んだスプリットでなければ難易度はそこまで高くない。スタンスとスパットを見極めて、ボールをコントロールできればスペアをとることは可能だ。

レーンの左側にピンが残った場合には、右利きのボウラーであれば変化球を使った対処が可能。多くの場合タテ並びか一ヶ所に固まって残るので、左に軌道を変えるカーブボールを投げてピンを倒そう。

右側にタテ並びで残ったピンに対しては、前2本のピンの間を狙って投げればスペアをとることができる。ストレートしか選択肢がないので慎重に投げよう。

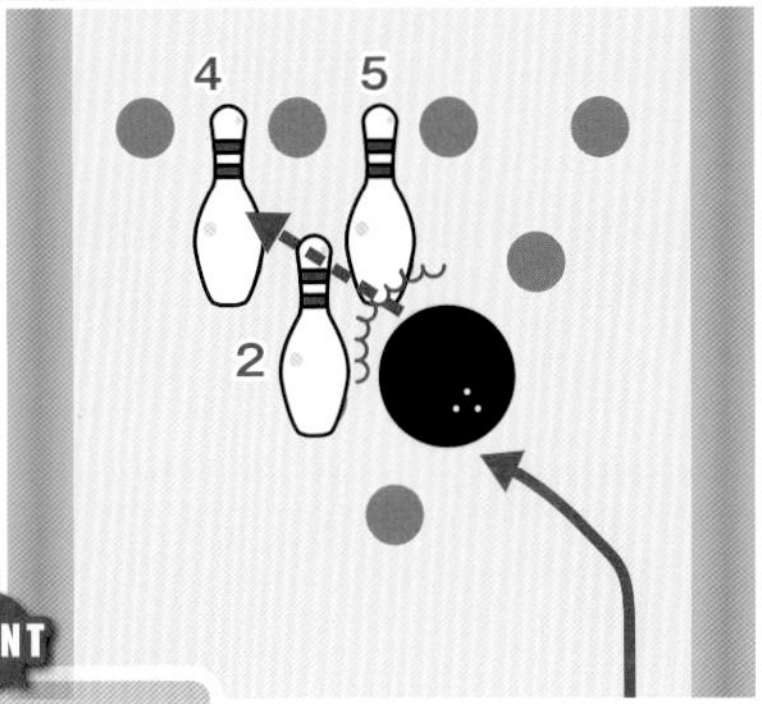

POINT 2

左側にピンが固まって残る

レーンの左側で２番４番５番ピンが三角形に残った場合には、右寄りのスタンスから２番スパットを通して２番と５番ピンの間に曲がりの小さなカーブを投げる。ストレートを２番ピンの正面に投げる方法もあるが、正確性が要求される。

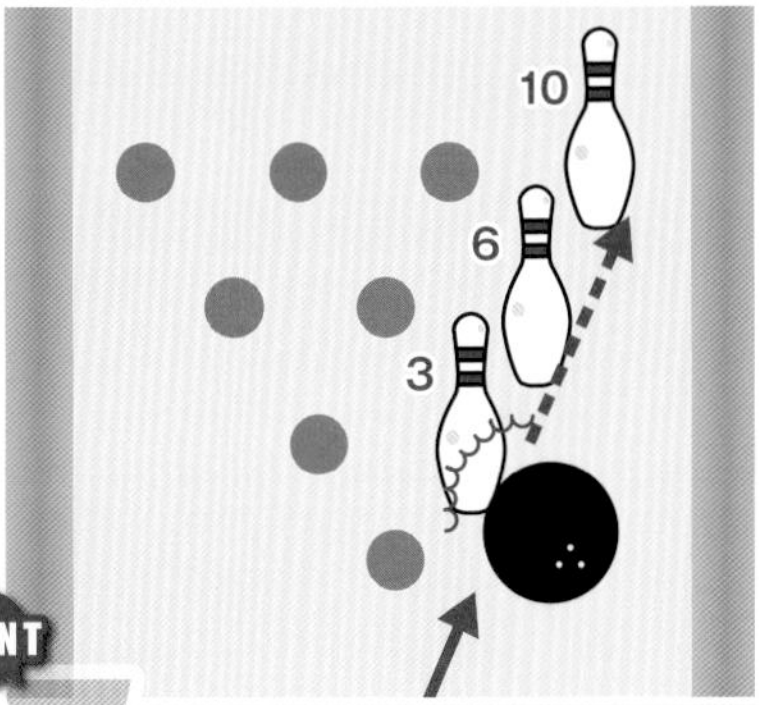

POINT 1

レーンの右寄りにピンがタテ並びに残る

３番６番10番ピンが残った場合は、変化球が使いにくいのでスペアをとる難易度が高い。中央にスタンスし、３番と４番のスパットの間を目標にして３番と６番ピンの間を狙って投げる。正確なコントロールが必要となるので、慎重に投球しよう。

+1 Advice

コースどりとコントロールでとりこぼしを防ぐ

２ピンから３ピンに増えた途端に、スペアのとりこぼしが増える。これは、ピンの間を狙う難易度の高い投球が必要になるため。わずかなコントロールミスでピンが残ってしまうので、スタンス位置と目標スパットをしっかり確認して投げることを意識しよう。

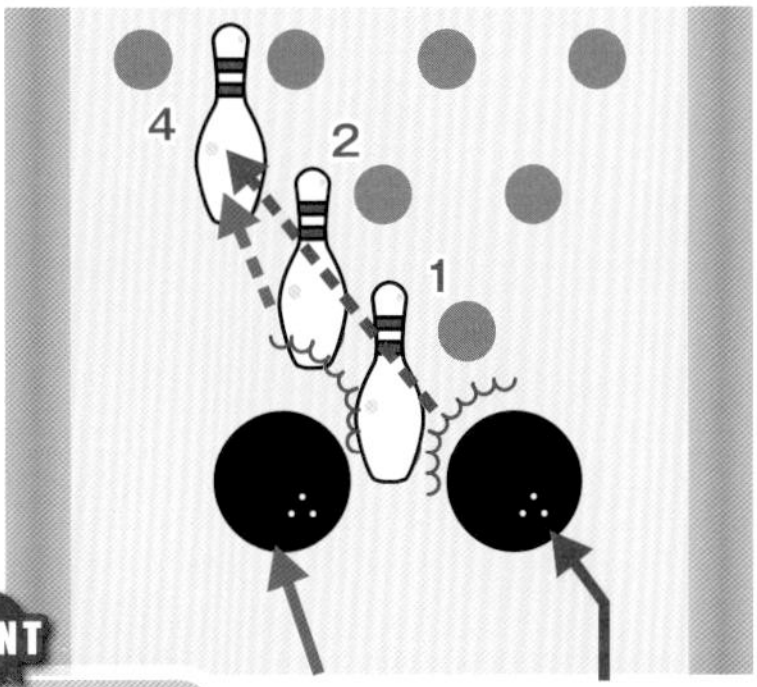

POINT 3

レーンの左側にピンがタテ並びに残る

１投目のボールが右に流れると、１番２番４番のピンが残る。右寄りのスタンスから３番スパットを狙い、ストレートでスペアをとる。また、同じスタンス位置から２番スパットを通して曲がりの小さなカーブを投げ、全ピンを倒す方法もある。

残り4ピンの狙いを知る

CHECK POINT!
1 ひし形に残ったら変化球を使う
2 ピンアクションで端のピンを倒す
3 スプリットの難易度は極めて高い
Shota Kawazoe
動画をチェック!

パワーとコントロール高い技術が必要となる

4本のピンを倒してスペアをとるためには、高い技術と集中力を持たなくてはならない。固まって残った場合には威力のあるボールでピンを倒し、ピンが1本離れている場合にピンアクションをイメージしてボールをコントロールする。

3本のピンが残ったスペアパターンまででは使わなかった曲がりの大きなカーブボールが、固まって残ったピンを全て倒すためには必要になる。ピンの間に強い回転のボールを入れてピンを弾く。

1本のピンが離れているときは、ストレートや曲がりの小さなカーブボールで薄く当てて、横へ飛ばして倒す。イメージ通りのピンアクションを生む精密なコントロールが要求される。

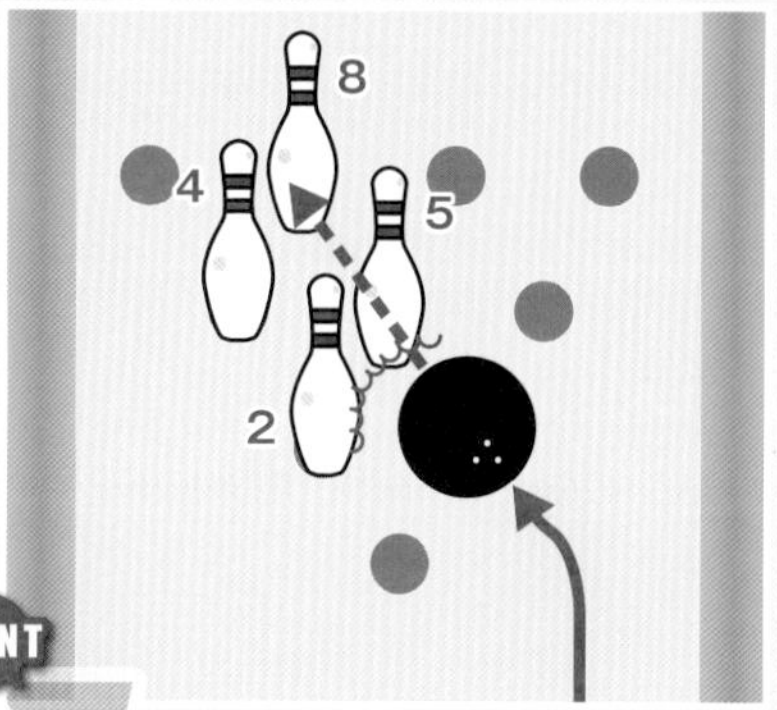

POINT 1
4本のピンがひし形に残る

ひし形に2番4番5番8番ピンが残った場合は、ストレートで2番ピンを狙うか、変化球で2番と5番ピンの間を狙うコースが有効。4本を倒すためにはパワーが必要になるので、右寄りスタンスからカーブボールを投げる方法がより確実。

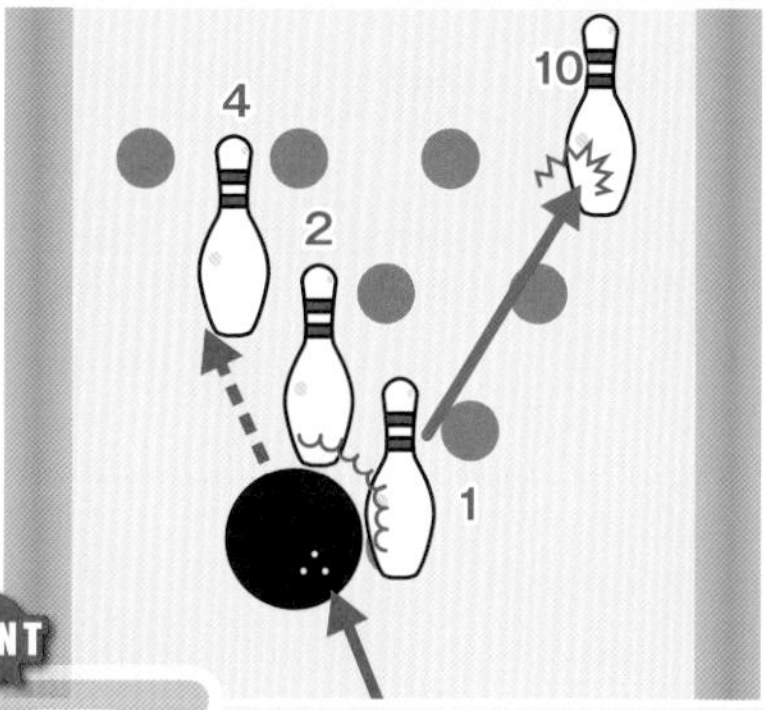

POINT 2
1番と10番ピン番のピンが離れて残るワッシャー

1番と10番ピンが離れて残った状態を「ワッシャー」と呼ぶ。さらに2番4番ピンも残ったこのパターンでは、1番2番ピンの間にストレートを投げることで1番ピンに薄く当てて10番ピンに飛ばし、ボールの軌道で1列に並んだ残り2本のピンを倒す。

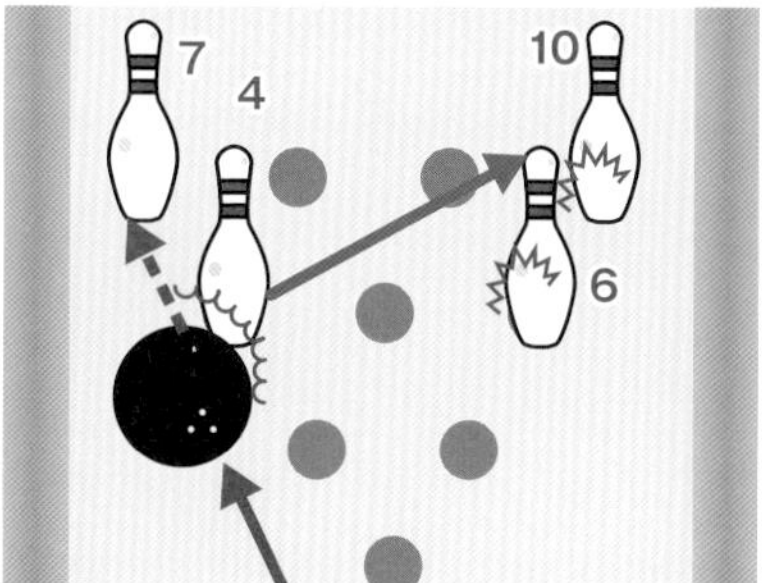

POINT 3
両端にピンが残るスプリット

4番7番ピンと6番10番ピンが残るパターンは「ビッグフォー」と呼ばれるスプリットである。両端に2本ずつ残ったピンを倒すためには、4番ピンか6番ピンを横に飛ばすしかない。右利きならば4番ピンが狙い目だが、難易度は極めて高い。

+1 Advice
イメージ通りのピンアクションが必要

4本のピンを倒すためにはピンアクションが必要となる場合が多い。ピンに薄く当てる技術が必要になるが、角度や当り方によって飛び方は様々。練習の中で当て方によるピンの飛び方の差を知っておけば、試合でイメージ通りのアクションを生み出せる。

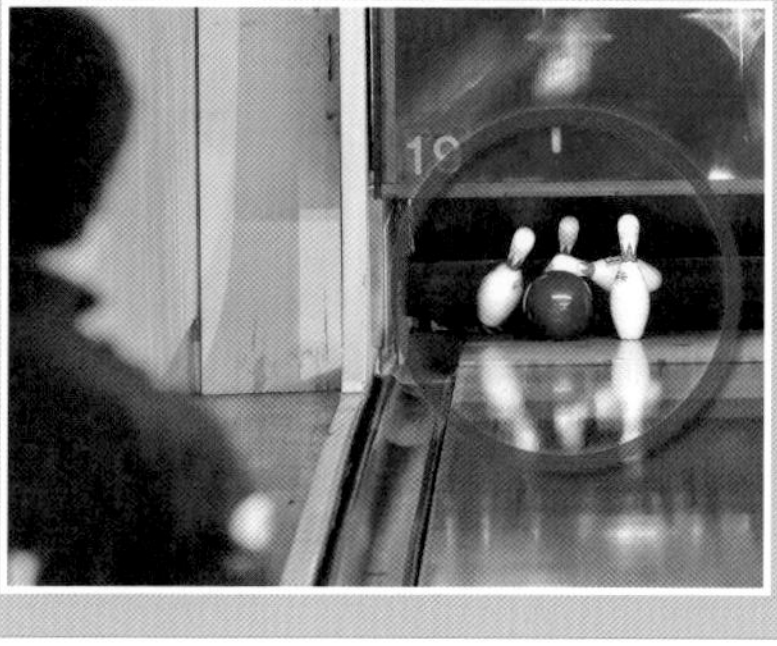

スプリットをとる

CHECK POINT!

1 ピンアクションで離れたピンを倒す
2 変化球でピンアクションを大きくする
3 薄く当ててピンを飛ばす

動画をチェック!

難易度の低いスプリットから練習

2本以上のピンが離れて残った状態のことを「スプリット」と呼ぶ。スペアをとることが非常に難しいことから、スプリットになった瞬間にあきらめてしまうボウラーも多いだろう。しかし、スペアをとるのがほとんど不可能というものばかりがスプリットではない。

2本のスプリットパターンで、1本が中央付近にあれば、ピンアクションを狙いやすいので、倒すのは比較的容易。3本であっても2本が隣接していれば、2本をとるコースでそのうちの1本を離れたピンに飛ばし、スペアをとることができる。

困難なプレーでも、練習を積み重ねて対策を練っておけば、試合で成功させることができる。それが自信になり、勝利へつながるだろう。

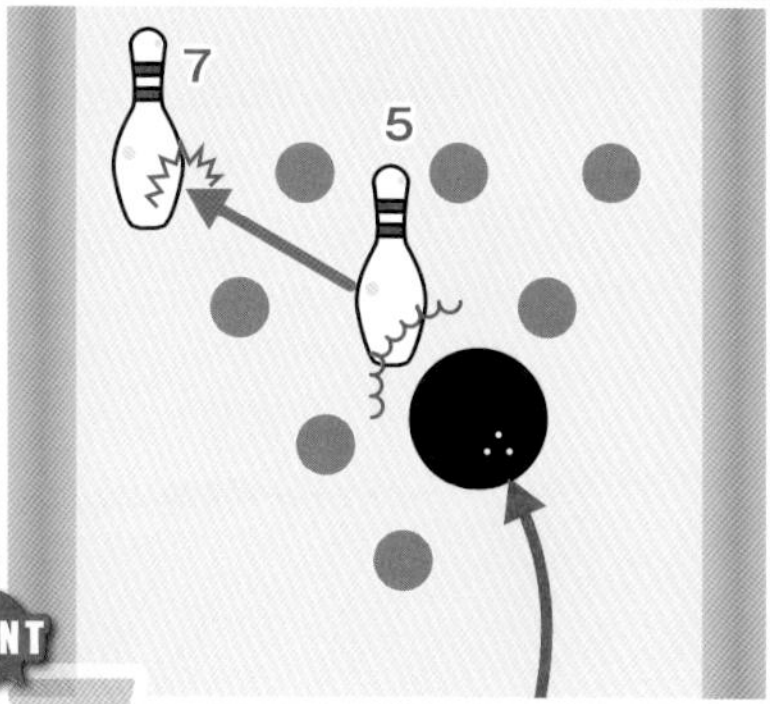

POINT 1 左端と中央にピンが残るスプリット

左端と中央にピンがある５番と７番ピンが残るスプリットパターンでは、左寄りにスタンスして、曲がりの大きなカーブボールを１投目と同じスパットを通して投げる。５番ピンの右側に薄く当てることで、ピンアクションで７番ピンを倒すことができる。

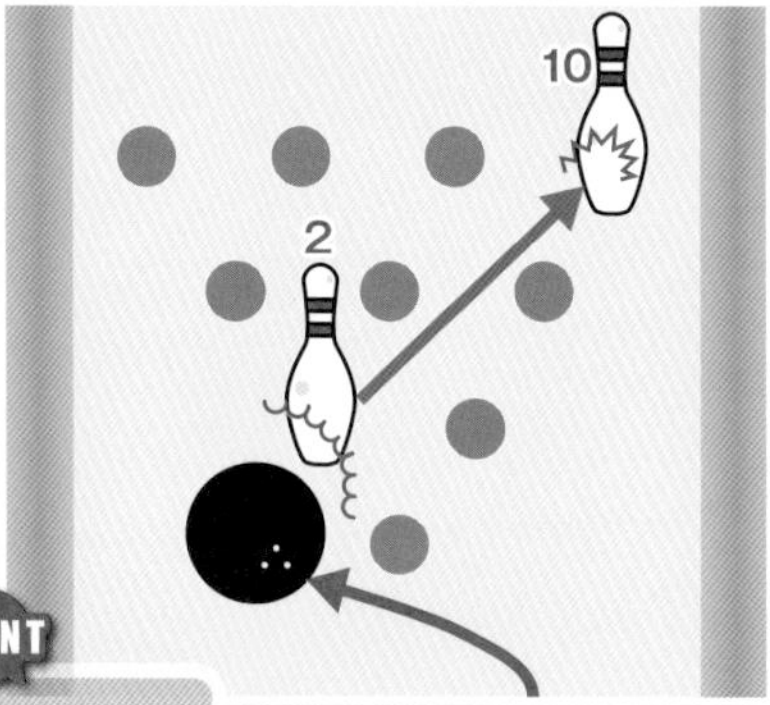

POINT 2 右端と中央にピンが残るスプリット

２番と10番ピンが残ったら、右寄りにスタンスして、曲がりの小さなカーブボールを３番４番スパットの間を通して投げる。２番ピンの左側に薄く当てて、ピンアクションで10番ピンを倒す。回転量が多ければそれだけアクションも大きくなる。

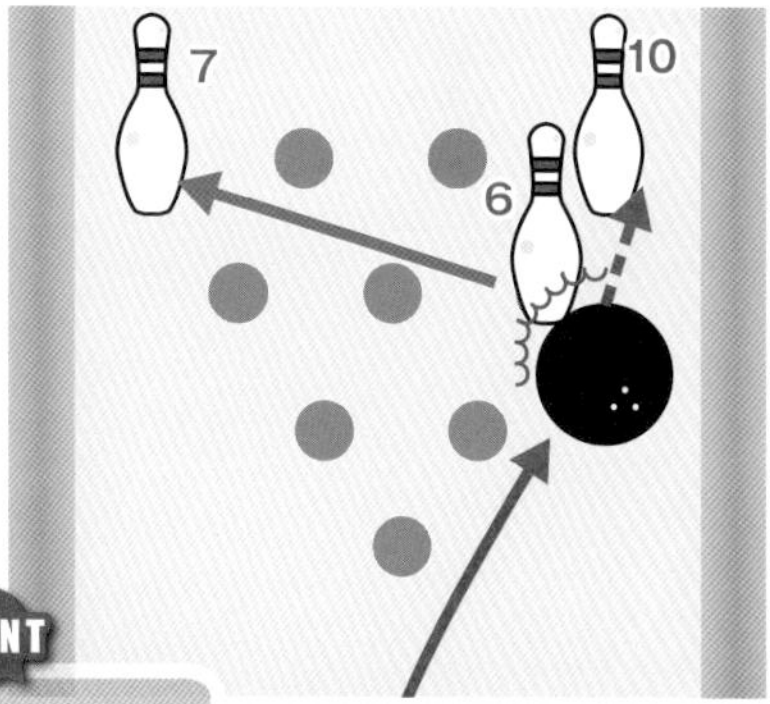

POINT 3 ３本のスプリット１本を薄く当てて飛ばす

６番７番10番ピンが残るスプリットは、出る確率が高い。10番ピンを倒すつもりで投球すれば、６番ピンに薄く当たり、横に弾かれて７番ピンを倒すことができる。やや左寄りにスタンスし、中央のスパットを目標にしてストレートボールを投げよう。

+1 Advice

スプリットをとり流れに乗る

スプリットと対峙する場面はボウリングをしていれば必ずある。そのときに諦めるのではなく、果敢にスペアをとりにいくことが重要。成功できると自信が生まれ、その後、良い流れで投球できる。メンタルを鍛えてスペアを狙おう。

筋肉を伸ばしてケガを予防する

両手で後頭部を持って頭を前に倒し、首の後部ストレッチ。

側頭部を手で持って頭を横に倒し、首の側部ストレッチ。

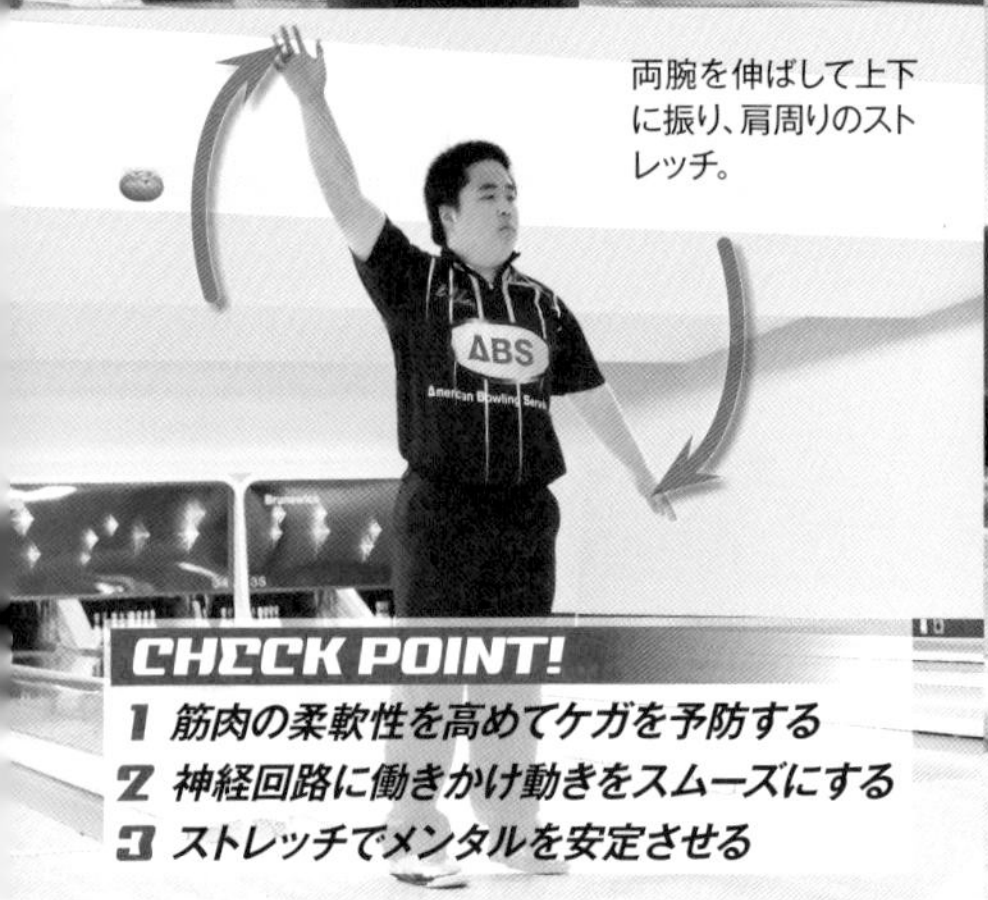
両腕を伸ばして上下に振り、肩周りのストレッチ。

直立姿勢から上半身を正面に倒し、脚部裏側のストレッチ。

CHECK POINT!

1 筋肉の柔軟性を高めてケガを予防する
2 神経回路に働きかけ動きをスムーズにする
3 ストレッチでメンタルを安定させる

動画をチェック!

ストレッチによってパフォーマンスが向上する

プレー前後にストレッチで体をほぐすことで、様々な効果が得られる。代表的なものに柔軟性を得ることによるケガの防止がある。

また、そのほかにもパフォーマンスに直結する大きな効果がある。ストレッチで体をほぐすことによって神経回路に働きかけ、動作がスムーズになるのだ。ボウリングは正確性が必要とされるスポーツなので、余計なエネルギーを投球フォームから除去することができると、コントロールがアップし、ボールに力を込めやすくなるのである。

試合前のストレッチにはメンタルを安定させる効果もある。呼吸をともなったストレッチを行うと自律神経系に働きかけることができ、集中力が増す。

クールダウンにストレッチを使う

一方の腕を手のひらが上向きになるように正面に伸ばし、逆の手で4指をつかんで手前に引く。この動作により、手首の筋肉が伸ばせる。利き手を中心に、逆の手もストレッチ。

血流を良くして疲労物質の除去を速める

筋肉をほぐすと血流が促進される。疲労物質の除去を速めることができるので、ストレッチはクールダウンにも最適だ。また、練習でボールを投げ続けた体はバランスが崩れているので、**直後にストレッチをすることでバランスを是正しておけば、次回の練習やゲームで最初からベストパフォーマンスを発揮できる。**

ストレッチはゆっくりと行うので、反省をする時間としても利用できる。深く呼吸しながら体をほぐしていると、メンタルの状態が安定するので、自分が取り組んだ練習や試合結果から、短所や注意点を冷静に分析することができる。

ストレッチによるクールダウンを欠かさずに行い、心身ともにリフレッシュしよう。

逆の腕で投げバランスを良くする

CHECK POINT!

1 利き腕だけ使うとバランスが悪くなる
2 逆側の手でリラックスして投げる
3 筋力も左右バランスよくつける

動画をチェック!

体のバランスを整えてフォームを安定させる

利き腕でしか投げないとはいえ、一方の腕ばかりを使っていると体のバランスが乱れ、投球フォームが崩れてしまう。そうならないために必要になるのが、逆側の腕で投げる練習だ。

フォームはあまり意識せずリラックスして投げることが大切だ。取り組むことで、体の反対側にもバランスよく筋力をつけることができる。しかし試合では活用できない練習なので、時間があるときにクールダウンを兼ねて行う程度で良い。

また、筋力トレーニングをする際にもバランスを意識して、左右同様の回数をこなす。筋肉は全身のバランスが良ければそれだけ力を発揮するのだ。投球で利き腕を多く使っているので、逆側をやや多めにしても良い。

PART 4

ストライクをとる戦術

オイルの塗られ方を理解する

CHECK POINT!
1 オイルの量で曲がりが違う
2 オイルの長さによって軌道が変わる
3 変化の違いを練習で身につける

オイルの状態によって ボールの変化が異なる

ボウリングのレーンは一見全て同じように見えるが、実際はボウリング場によって、あるいはレーンや時間帯によって違いがある。その違いの一つがレーンに塗られたオイルの量だ。**オイルの量が多いことを「レーンが速い」と言い、ボールが曲がりにくい。逆に少ないことを「レーンが遅い」と言い、曲がりやすい。**

また、オイルが塗られている長さにも違いがある。短めに塗られている「ショートオイル」はボールに変化をつけやすく、長めに塗られている「ロングオイル」はボールがレーンに乗ってすぐにすべることが多いので、コントロールの難易度が高い。この二つの中間を「ミディアム」と言い、最も一般的なオイルの長さである。

POINT 1 オイルの量によって変化に違いがある

レーンに塗られるオイルの平均は30mlと言われている。しかし前後10ml程度の違いがボウリング場によってある。オイルが多いとボールが曲がりにくく、少ないと曲がりやすい。ストライクをとるためにはオイルの量によって投球を変える必要がある。

POINT 2 オイルの塗られる長さでボールの軌道が変わる

レーンは41フィートまでオイルが塗られているミディアムが最も一般的であるが、ボウリング場によって差がある。短めにオイルが塗られているショートオイルはボールが曲がりやすく、長く塗られているロングオイルはボールがすべりやすい。

POINT 3 オイルの量と長さによる変化の違いを覚える

オイルの量や長さが違うと、同じフォームと力で投げてもボールの軌道に差異が生じる。状態によって投球を変える対応力が重要だ。試合でストライクをとるためには、オイルの状態の異なる様々なレーンで投げる練習をしておく必要があるのだ。

+1 Advice

レーンの素材によって摩擦の大きさが変化する

ボウリングのレーンは木で作るウッドレーン、プラスチックのアーマーレーン、ウッドレーンの上に樹脂を流し込むミラクルレーンの３種類が一般的。素材による表面の硬度が低いほど、摩擦が大きくなり変化が大きくなる。

レーンコンディションを見極める

オイルの状態を確認して投球を変える

レーンに塗られたオイルの状態をレーンコンディションと言う。試合によってレーンコンディションの情報がある場合とない場合があり、ある場合には自分の経験からイメージしてスタンスと回転を決める。実際に投げてみて、イメージと違ったら微調整する。情報がない場合には得意なコースにボールを投げてレーンコンディションを確認する。

また、レーンコンディションはボールを投げ続けることでもオイルが減って変化する。同じコースに投げていても徐々に軌道が変化するのだ。その場合には、自分の投げるラインからあえて板2から3枚分スタンスをずらして投げるとよい。これにより、ライン の左右の状態を確認できる。

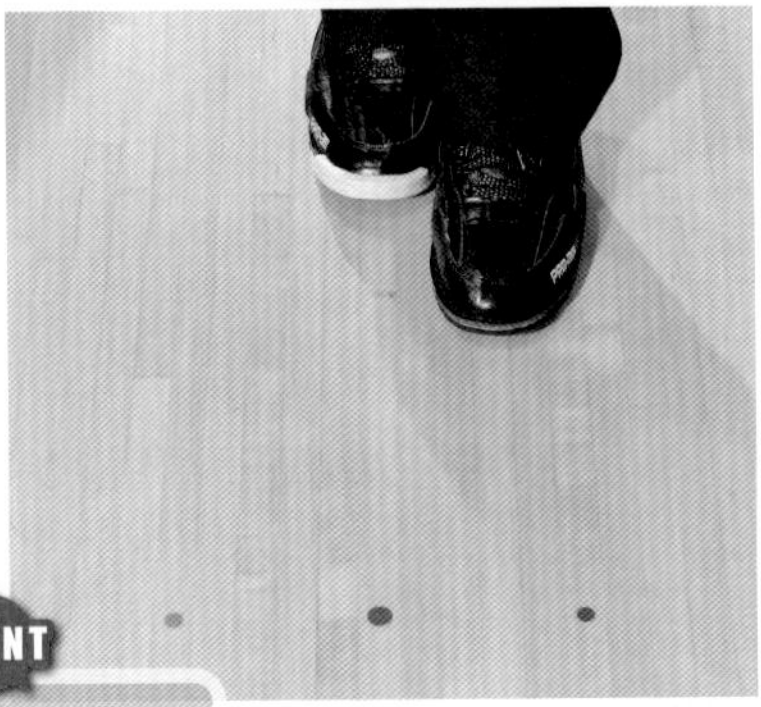

POINT 2

情報がない場合には得意なラインに投げる

試合前にレーンコンディションの情報を得られなかった場合には、自分の好きなラインにボールを投げてみる。これによってレーンが速いか遅いかの具合と、オイルの長短などを確認する。すばやく把握できれば、それだけ良い状態で投球できる。

POINT 1

レーンコンディションの情報があったらイメージする

レーンコンディションの情報を試合前に得ることができたら、自分の今までの経験を生かしてボールの変化をイメージする。実際に投げたときに、ボールが曲がりすぎるならば左に、曲がらないならば右に、という具合にスタンスの位置を微調整する。

+1 Advice

アプローチゾーンの状態もチェックしておく

レーンのみならず、アプローチゾーンもボウリング場によって異なるのでチェックする必要がある。プレー前に実際に助走したり、足をすべらせて確認し、場合によってはシューズ裏のパーツを交換する。万全の状態でゲームにのぞめるように準備しよう。

POINT 3

自分のラインの左右の状態を把握

オイルは摩擦によって減っていくので、ボールが通ったところからレーンコンディションが変わる。自分の投げるラインからあえて板2から3枚分スタンスをずらして投げることで左右の状態を確認し、回転量やコース取りの参考にする。

性質の違うボールを使い分ける

CHECK POINT!

1 様々なボールを6つ程度持参する
2 大会スタート時はオイルが多い
3 イメージの違うボールを使う戦略を取る

複数のボールを使ってあらゆる状況に対応する

ストライクを量産してスコアをアップするためにはボール選びが重要になる。プロは試合にそれぞれ性質の異なるボールを6個から10個持参して、あらゆる状況に対応できるようにしている。**曲がりやすいボールを3つ、曲がりづらいボールを2つ、ほとんど曲がらないスペアボールという内訳がオススメだ。**

大会はオイルひきたてのレーンコンディションでスタートするので、最初は曲がるボールを投げる。ストライクコースに入ったのに関わらず7番や10番のピンが残ってしまうようであれば、ボールを変える。また、オイルの減り方によっても変える。

レーンコンディションや自分の調子などを見て、柔軟にボールを交換することがスコアアップにつながる。

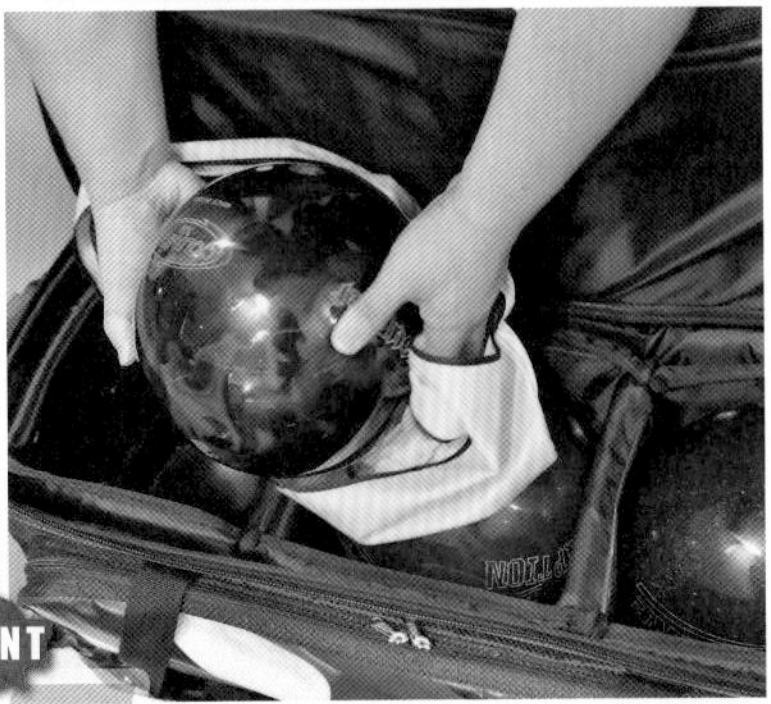

POINT 1

様々な性質のボールを6つ大会に持参する

曲がり方に差異がある曲がりやすいボールを3種類と、同様に変化に違いがある曲がりづらいボール2種類、スペアを狙う際に必要になるほとんど曲がらないボールの合計6つで試合にのぞむ。これを基本として、自分に合わせてボールの内訳を変えよう。

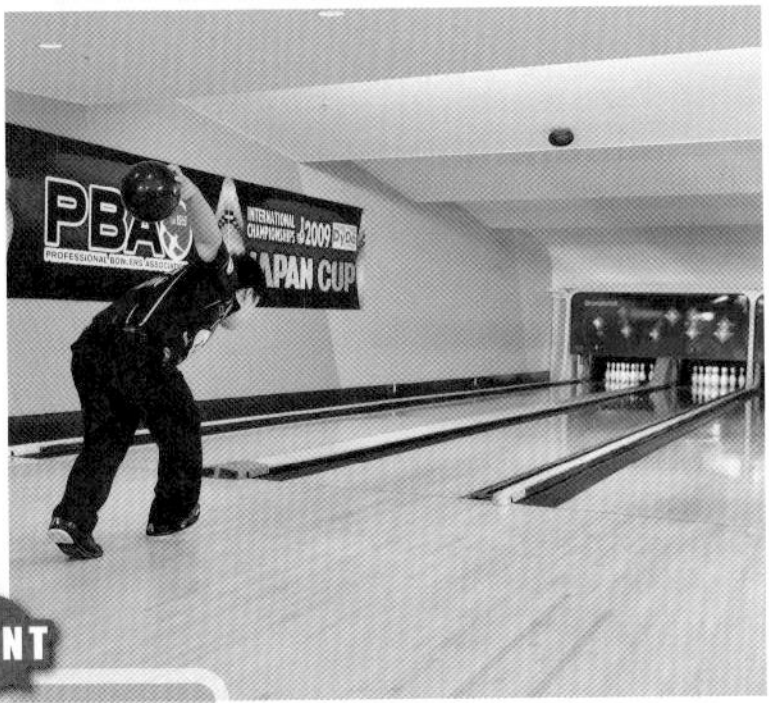

POINT 2

大会スタート時はレーンのオイルが多い

大会は基本的にオイル引きたてのレーンコンディションでスタートするので、レーンが速い場合が多い。ボールが変化しづらいので、曲がりやすいものの中から最も自分のイメージ通りに変化するお気に入りのボールを投げ、ストライクを狙おう。

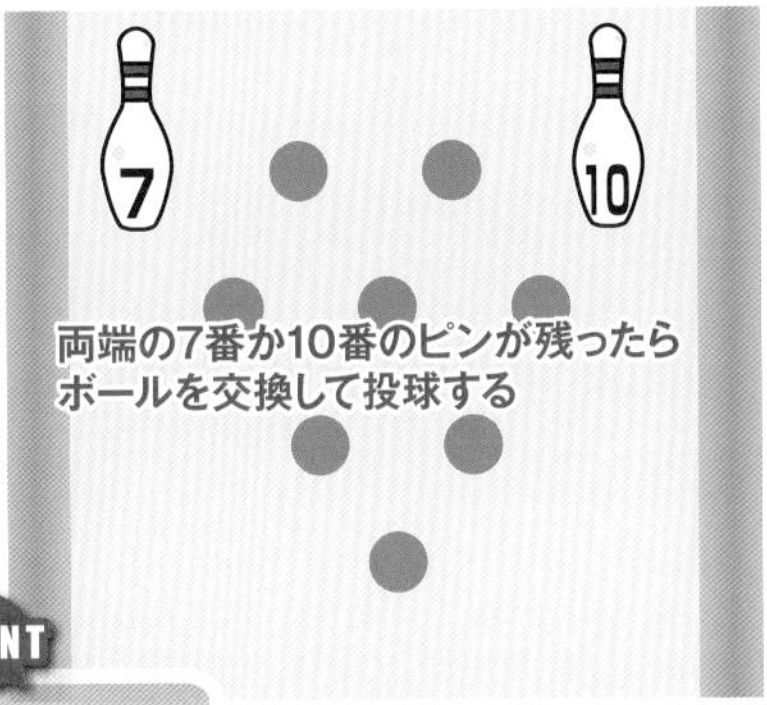

POINT 3

7番か10番のピンが残ったらボールを変える

ボールがストライクコースに入ったにも関わらず7番か10番のピンが残ったら、レーンコンディションに対して動きの合わないボールを使っている可能性が高いのでボールを変える。自分のイメージと違うボールをあえて選ぶという戦略もある。

+1 Advice

オイルが減ってきたら曲がりづらいボールを使う

ボールを投げ続けていると、摩擦によってレーンのオイルが減ってくる。ボールが曲がりすぎるので、曲がりづらいボールと交換して投げる。スタンスや回転量などと複合的に判断し、ストライクをとるためのボール交換をしよう。

ボールの表面を曇らせて走りを変える

CHECK POINT!
1 サンディングはアブラロンパッドを使う
2 手作業での表面加工も可能
3 ポリッシュは専用の液体を使う

曇らせる・光らせる 表面加工で走りを変える

ボウリングには、ボールの表面の状態を変えて軌道を調整する方法がある。**アブラロンパッドを使って曇らせることによってボールの表面のキメが濃くなり、動きやすくなるのだ。**車のタイヤがキメによってグリップ力を得るのと同じ原理である。これを「サンディング」と言う。

また反対に、**ボールメンテナンスをする要領でボールを磨いて光らせると、ボールの走りがよくなり動きにくくなる。**これを「ポリッシュ」と言う。光らせるとレーンのオイルの減っている部分からの反応が敏感になり、フックしたような軌道を描くようになる。

ボール表面を変化させる方法は、レーンコンディションによって動きが異なる。レーンをよく見極めてから使おう。

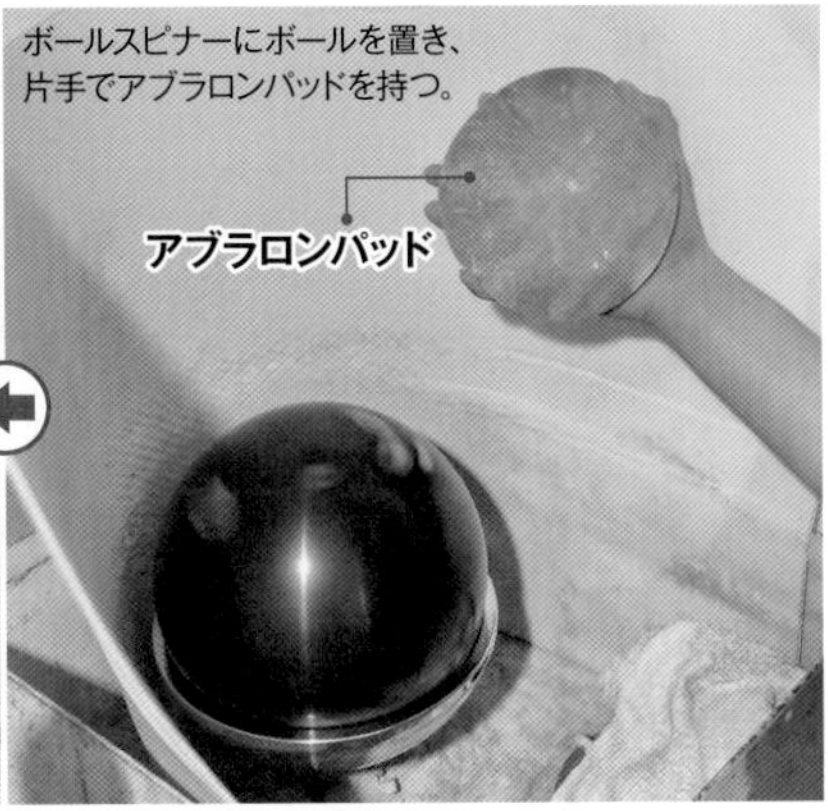
ボールスピナーにボールを置き、
片手でアブラロンパッドを持つ。
アブラロンパッド

ボールを回転させながら、全体を
まんべんなくサンディング。

POINT 1

アブラロンパッドを使ってサンディングを施す

サンディングをする際には、まずボールをボールスピナーに置く。これは、ボールを回転させる専用のマシンのことをいい、多くのボウリング場に設置されている。一方の手でアブラロンパッドを持ち、ボールを回転させて全体にまんべんなくかける。片側のサンディングが終わったら、ひっくり返して逆側にかける。なおアブラロンパッドは、表面をザラザラにするために、番手の若いもの（360･500･1000･2000）を使う。

台などを使ってボール
を固定して、アブラロ
ンパッドをかける。

曇り方を目視で確認
しながら、全体にまん
べんなくかける。

POINT 2

サンディングは手作業でも行える

ボールスピナーを使わずとも、サンディングを施すことができる。台などボールを固定できるものに設置し、アブラロンパッドをまんべんなく全体にかける。ボールスピナーを使ってのサンディングと同様に、片側が終わったらひっくり返して逆側にもかける。ムラができると、ボールがいびつな変化をするようになりコントロールを失うので注意が必要だ。表面が曇っていくので、目視で確認しながら丁寧に作業しよう。

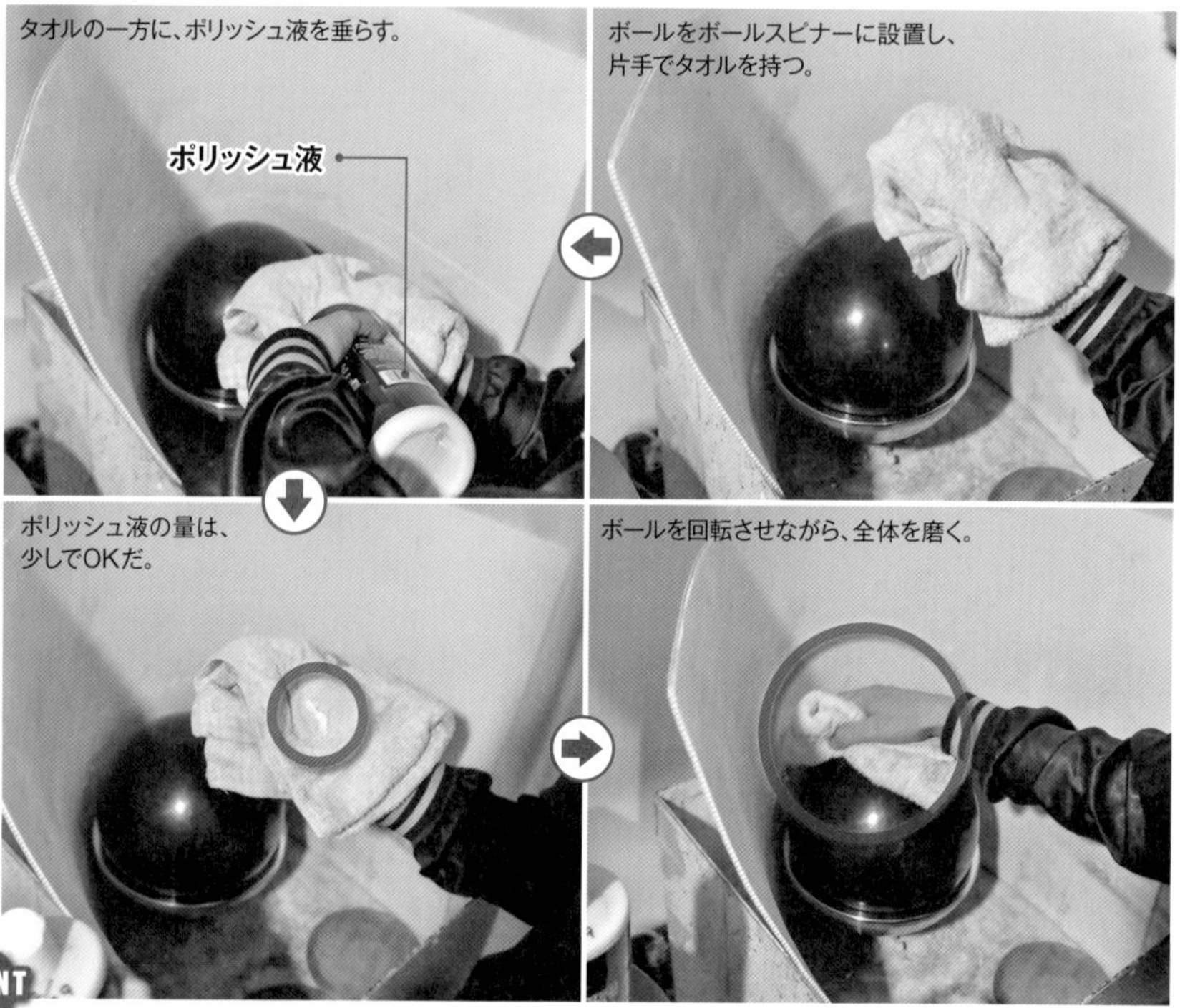

タオルの一方に、ポリッシュ液を垂らす。

ボールをボールスピナーに設置し、片手でタオルを持つ。

ポリッシュ液の量は、少しでOKだ。

ボールを回転させながら、全体を磨く。

POINT

ポリッシュは専用の液体でボールを磨く

ポリッシュを行う際には、タオルと専用のポリッシュ液を用意する。ボウリングショップなどで購入することができる。またタオルは、アブラロンパッドでも代用可能。ボールスピナーにボールを設置し、タオルにポリッシュ液をつける。ボールに直接つける方法もある。ボールを回転させながら、タオルを使ってポリッシュ液でまんべんなく全体を磨く。サンディングと同様に、片側を磨いたらひっくり返して逆側を磨く。

+1 Advice

手作業でボールを磨くこともできる

ポリッシュもまた、手作業で行うことができる。しかし時間がかかるので、ボールスピナーを使う方法がオススメ。また、リサーフェーシングマシン（ポリッシュマシン）という専用のマシンでも施すことが可能。場所によっては設置されているので、よく行くボウリング場のスタッフに尋ねてみよう。

意識的に横回転をかける

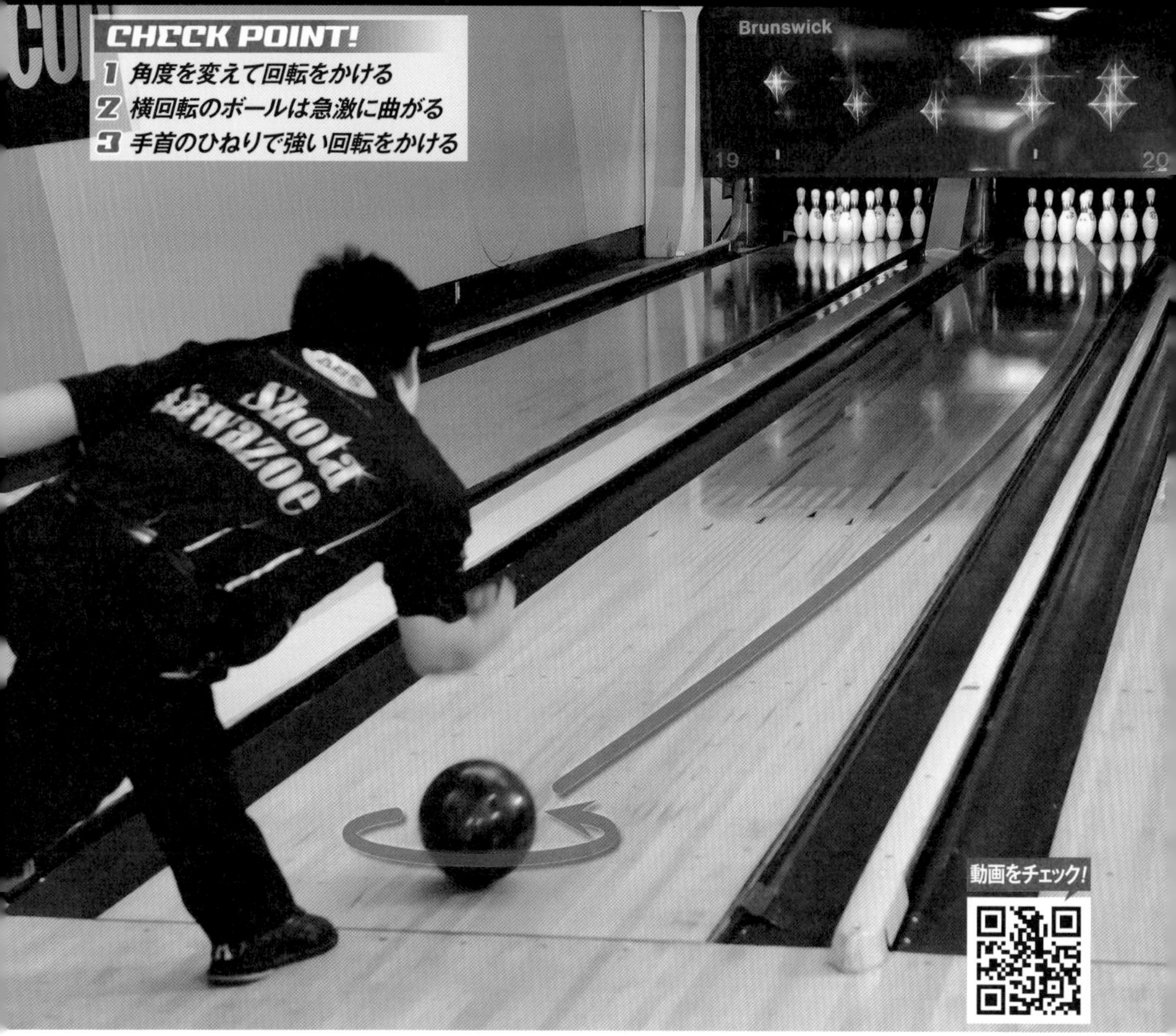

横向きの回転をかけドリフト状態にする

ボールの回転の向きのことを「アクシスローテーション」と言う。回転の向きが進行方向に対してどの程度の角度を向いているかを意識し実践することによって、変化を鋭くすることができる。

横向きの回転がかかったボールは言わばドリフトしている状態なので、横に振られて急激に曲がる。逆に、アクシスローテーションを変化させないと、ボールはただ進行方向に向かう鈍い軌道となる。

アクシスローテーションを変えて強い横回転をかけるためには、手首のひねりがポイントになる。リリース時に内側にひねると、ピンの手前で鋭く曲がってストライクコースへと入っていくボールを投げることができる。変化を使い分けてストライクを狙おう。

さまざまなレーンコンディションで投げる

CHECK POINT!
1 現代ボウリングでは万有性が必要
2 レーンを見極めてストライクをとる練習をする
3 練習でさまざまなレーンコンディションを体験
動画をチェック!

万有性を高めるための対応力をあげる練習

現代のボウリングでは「万有性」が要求される。これは、どのような状況でも投げ方を柔軟に変えてストライクをとる能力のことである。**万有性を高めるためには、異なるレーンコンディションで投げ、それぞれの状態を見極めてストライクをとる練習をする必要がある。**

オイルが多い、少ない、投げ続けてレーンにムラができているなど、練習であらゆる状況を体験し対処法を身につけておくことで、試合でストライクを量産できるようになるのである。

ポイントは、どのような場面であれパーフェクトストライク理論に則って投球すること。レーンコンディションに合わせて、パーフェクトストライクの軌道を描くためのスタンス位置とラインを決めよう。

PART 5

ストライクをとるためのメンタルと練習

パーフェクトをとるためのメンタルを知る

CHECK POINT!
1 練習を積んで自信をつける
2 投球ごとに気持ちを切り替える
3 引き算の得点計算で自分に集中

動画をチェック!

プレッシャーを克服して ミスを減らす

川添プロは幼少期から全国大会に出場していた。そのため、試合でも動揺しない心の余裕を持っている。しかし、メンタルを鍛えることは重要であるとして、様々な方法でトレーニングしている。**トッププロであっても重要視するほど、ボウリングにおいてメンタルの強さは必要不可欠なのだ。**

メンタルが弱くなるのはネガティブなイメージに支配されているとき。プレッシャーや苦手意識によって、失敗を恐れていると、力んでしまいミスをする。自信をつけたり、投球ごとの切り替えでメンタルをコントロールする。また、得点をマックス300点から引き算で計算していくことで、相手を気にしないでフレームを積み重ねていく方法も有効である。

POINT 1

練習を積み重ね 自信とポジティブを得る

試合中に不安感や苦手意識を生まないためには、自信を持って投球することが大切。自信を得るためには、試合前の充分な練習が必要だ。やるべきことは全てやった、と思うことができれば、ポジティブシンキングに思考を切り替えられるようになるのだ。

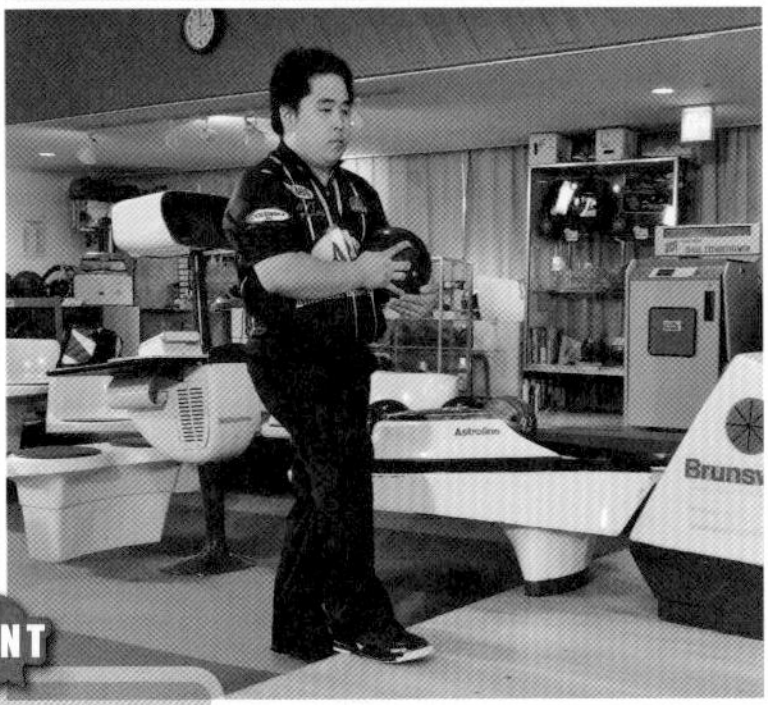

POINT 2

投球ごとにリセット 集中力を持続させる

ミスをしたにしてもストライクをとったにしても、前の投球を引きずると不安や油断を生んでしまう。投球ごとにリラックスして、頭の中をリセットする。ボウリングはプレッシャーと戦うスポーツなので、区切りを作って集中力を持続させる。

POINT 3

マックス300点から 引き算で得点計算

ボウリングでは、相手からのプレッシャーでミスが起きやすい。逆に言えば、相手を気にしなければミスは減る。得点をマックス300点から引き算で計算すれば、相手の投球や点数を気にすることなく、自分の投球に集中できるようになる。

+1 Advice

ゲームの中で 集中の波がある

12フレーム投げ続けるゲームの中には、集中の波がある。人によって集中力が高まる場面が異なるのだ。ポイントは、いかに集中が落ちた状態からメンタルを上向きに戻すかだ。メンタルトレーニングに取り組み、試合やスコアアップに生かそう。

効率的な練習計画を立てて集中して練習する

CHECK POINT!
1. 練習計画表を作りハードルを立てる
2. ビデオを使ってフォームを見る
3. テーマを持って練習する

練習計画表の例	
月	コントロール練習
火	筋力トレーニング
水	投げ込み
木	ランニング
金	ビデオによるフォームチェック
土	投げ込み
日	休息

※練習前後に必ずストレッチをする

動画をチェック!

自分を客観的に見て練習で改善する

ボウリングの練習において、ただやみくもにボールを投げ続けても上達しない。**練習をする前に練習計画表を作り、自分の目標を明確にすることが大切。その達成のためのハードルを設けて練習すれば、集中して取り組むことができるのだ。**

さらに、ビデオを使ったフォームチェックで客観的に自分を観察する。プレイヤーとしての長所と短所を知り、伸ばしたい特徴や補いたい部分などを検討するのだ。自分の短所をなくしておけば、試合で迷いなく投球できるようになる。

そして、それらを踏まえた練習をすることで、効率的に技術を高められる。練習時間を有効に使うためには、練習にテーマを持たせることが重要なのだ。

POINT 1

練習計画表を作ってハードルを立てる

ボウリングの技術を効率よくあげるためには、まず自分が達成したい目標を練習前に立てる。そして、目標を達成するためにその日に達成するべきハードルを設ける。目的が決まっていれば、短時間の練習であっても集中して行うことができる。

POINT 2

ビデオを使ってフォームチェックする

ボウリングの能力をあげるためには、自分のプレイヤーとしての性質を知ることが重要。ビデオを使ってフォームをチェックし、改善すべき点が見つかったらすぐに練習計画表に入れる。微妙なクセなども見逃さないように注意深く観察する。

POINT 3

テーマを持って効率的に練習する

ビデオの映像を見て自分の改善点を見つけ、練習テーマに設定する。たとえば「バックスイングを高くする」ならば、前傾姿勢になるのか、肩を開くのか、力で持ちあげるのか、最も自分にあったやり方を選択する。そして練習によって改善する。

+1 Advice

道具を使った練習で能力をあげる

川添プロはレーンの中央にピンを並べて、その間を通してコントロール技術を高める練習をしている。自分に足りないと思う能力を見つけたら、ただ投げる以外にも道具を使ったり、意識して取り組める練習をできる範囲でしてみよう。

ルーティンワークで平常心を保つ

CHECK POINT!
1 体の力みはミスの原因
2 ルーティンワークを作る
3 雑談でリラックスする

動画をチェック!

平常心を保ってリラックスして試合にのぞむ

実力を発揮するために重要となるのが平常心であり、保つためにはルーティンワークが必要となる。この言葉を聞いてもピンとこない人が多いかもしれないが、野球のイチロー選手が打席に立つときにバッドを回して肩に手を当てる一連の動きなどのことを言う。いかなる場面でも同じ動きをすることによって、平常心をキープするのだ。

川添プロは右足でアプローチゾーンにあがることをルーティンワークにしている。左足であがってしまった場合にはボールを持つところからやり直すほど徹底して行うのは、何も考えていない平常心をキープすることがストライクの量産につながるからだ。ルーティンワークを作って、平常心を保てるメンタルを得よう。

POINT 1 緊張すると体が力む 平常心で実力を発揮する

強い緊張状態になると、体がこわばり力んでしまう。投球フォームにおいて力みは大敵。ミスの原因になる。優れた投球をするためのメンタルは平常心だ。何も考えずに投球できる状態にメンタルをコントロールし、試合で実力を発揮しよう。

POINT 2 ルーティンワークで 投球フォームを一定にする

ルーティンワークをすると、投球フォームの乱れを減らすことができる。いつも同じ動きをすることによって、フォームを一定にするのだ。アプローチゾーンにはいつも右足からあがるなど、自分に合ったルーティンワークを作って平常心を保とう。

POINT 3 試合前に雑談して 普段の自分で試合にのぞむ

練習通りの投球ができれば、良い結果を残すことができる。試合においても普段の自分でいられるように、試合前に練習のときのように雑談などをしてリラックスする。平常心で試合にのぞめば、プレッシャーを感じることなく投球することができるのだ。

+1 Advice

平常心を失ったら ストレッチでリラックス

試合中にプレッシャーのかかる場面で平常心を失っていると感じたら、呼吸をともなったストレッチをする。精神状態と呼吸は密接に関係しているので、リラックスと同時に冷静さと集中力を取り戻すことができる。

投げ込んで上達する

CHECK POINT!

1 1日のうちに30ゲーム投げ続ける
2 トータル1万点のスコアを目指す
3 200点以上のポイントで1000点とる

動画をチェック!

30ゲーム投げ込んで技術・メンタル・筋力をあげる

ボウリングの能力を伸ばすためには、投げ込みの練習が必須である。また、ボウリングで必要な筋肉はボウリングでしか鍛えられないので、その点でも効果的だ。

投げ込む量の目安は1日30ゲーム。さらに「トータルスコアが1万点になるまで」「200以上のスコアが1000点になるまで」など目標を決めることで、最初から最後まで集中して取り組めるようになる。また、次のゲームで高得点を出せば達成できるという場面では、投球にプレッシャーがかかるので、メンタルトレーニングの効果も得ることができる。

少なくとも月に一回は投げ込みを行おう。体への負担が強い練習なので、終わった後は入念なストレッチで体をほぐし、疲労感を翌日に残さないようにする。

下半身を鍛えてストライクの土台を作る

CHECK POINT!
1 足でビー玉をつかむ
2 走り込みをする
3 フォームのバランスが高まる

下半身を強化して投球のレベルをあげる

ボウリングはあまり筋力を必要としないスポーツだが、要所を鍛えておくことで投球のレベルをあげることができる。鍛えるべきは主に下半身だ。投球フォームを支える下半身の筋力をつけることで、踏み込みや体を沈ませるスイングからリリースの動作の安定性を高められる。

踏み込みを鍛えるために効果的なのが、足の指でビー玉をつかむ練習。これにより強く踏み込むことが可能となり、ボールを前へ押す力をあげることができる。また、走り込みも有効だ。下半身全体を鍛えて、投球フォームのバランスを高めよう。

フォームの細部まで追求し アベレージ200を目指す

フォームを身につける段階から「再現性」の向上へ

フォームを覚え、スペアの取り方などのテクニックもマスターできれば、150〜160程度のスコアは出せるだろう。ストライクの感触もつかみはじめているはずだ。この段階まで上達することができたら、次は〝アベレージ200〟を目指そう。

上級者レベルの高い目標であり、**達成するためにはストライクをとれる正しいフォームの〝再現性〟の向上が必須。**ミスをしないことはもちろん、細部まで追求して動作を磨けば、常にベストな投球ができるボウラーへと成長していける。

特に意識するべきはフォワードスイングとリリース。この2動作は球質と球威を決定づける部分であり、精度の向上がスコアアップに直結する。

POINT 1

ベストなフォームを繰り返す再現性でストライク量産

川添プロはベストな投球を繰り返すことで、ストライクを量産している。この「再現性」の能力を高めることが、スコアアップにつながる。フレームを重ねて疲労が溜まっても、再現できるフォームを追求して見つけ出し、アベレージ200の目標を達成しよう。

POINT 2

パワーを使ってボールに威力をつける

基本を身につける段階では、フォーム中に力を入れるのは御法度。しかし、アベレージ200レベルの能力を獲得したいならば、パワーをボールに込めて威力を高める技術も必要。力を込めてもフォームに乱れが生じないように、動作の精度を高めることが大切だ。

POINT 3

技術と同時にレーンを読む能力も鍛える

技術が身についたら、その後はレーンコンディションとの勝負がメインになる。いかにレーンの状態に合った投球ができるかで、ストライクの成功率は大きく変わる。フォームを磨きつつ、オイルの変わり方や環境によるコンディションの違いなどの研究にも取り組もう。

ワンランク上のフォーム診断

投球を決定づける動作の精度を向上させる

川添チェック

ヒジの内側を正面に向けるフォームを徹底

スイングからリリースの動作は、フォームの最も難しい部分といえる。それだけにミスしやすく、一定のレベルを持つボウラーでもヒジが開くミスをすることがある。ヒジの内側を正面に向けることを意識し、正しいフォームを徹底しよう。

川添
チェック

体側でボールを押し投球をパワーアップ

フォワードスイングを力を込めて行うと、ボールに遠心力プラス筋力を与えられ、威力がアップする。そのためにはスイングを崩さず力を入れるテクニックと、ボールを押す距離となるレベレージを伸ばす充分なスライドが求められる。

アドレス・プッシュアウェイ
ダウンスイング
バックスイング

力を込めるテクニックと小さなミスの解消でレベルアップ

フォームの基本的な流れを体に覚え込ませることができたら、さらに高いレベルへの到達に向けて、動作に磨きをかける作業に入る。まずポイントになるのがフォワードスイング。初心者はボールの重量に身を任せてスイングするが、アベレージ**200を目指すなら球威のある投球が求められるので、力を込めてボールを押し出すように動作する。**スイングを崩さずに力を込める難易度の高いテクニックとなる。

リリースにおけるミスの解消も課題のひとつだ。フォームが身についても、ヒジが開くなどの小さな乱れは起きるものなので、そういったミスを減らしていく作業が求められる。細かい部分まで意識できれば、ハイレベルなボウラーへと成長できる。

川添
チェック

リリースポイントを安定させる練習に取り組む

再現性の向上において重要なポイントになるのは、リリースポイントの安定だ。常にベストな位置でリリースできれば、ストライクを獲得する確率があがる。レーンの手前部分にタオルなどを敷き、その上にボールを落とさないように投球する練習に取り組もう。手前に落とすミスをなくすことが目的だ。

レーン手前の利き手側にタオルなどを敷いて投球する。

タオルの上にボールが落ちないようにリリースする。

タオルの上に落とすのはNG 人に見てもらうのも有効な方法

ボールがタオルの上に落ちたら、ミスしている証拠。タオルの上でボールを放すようなイメージで動作することが大切だ。リリースポイントのチェックは人に見てもらうことでもできるので、複数人で練習する際には客観的に見てもらおう。

PART 6

道具を駆使してレベルアップ

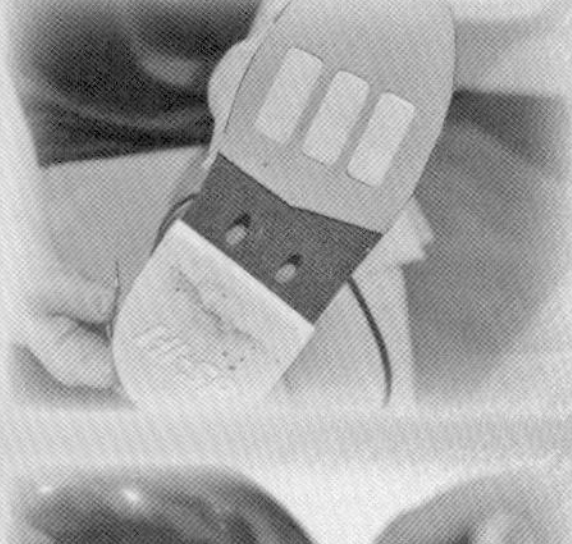

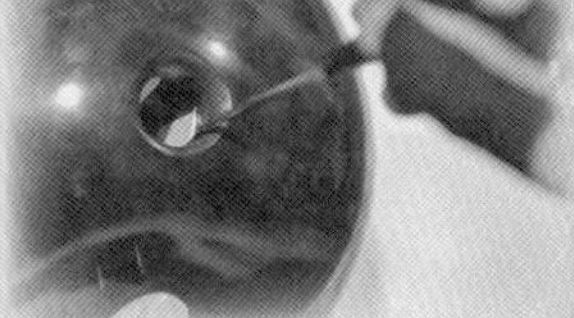

オイルを除去してボールの劣化を防ぐ

ボールのコンディションを良い状態でキープする

ボールは多く投球するほど動きが鈍るので、メンテナンスして劣化を防ごう。特に重要になるのがオイルの除去だ。投球するとレーンに塗られたオイルがボールの表面に付着するので、ボールクリーナーという専用の液体をかけたタオルで拭き取る。練習の最後にメンテナンスすることを習慣にしよう。投球してボールリターンに戻ってくるたび、タオルで拭くのも有効な方法だ。このときには、ボールクリーナーをつけずに行う。

習慣的なメンテナンスに加えて、メンテナンスマシンを使った「オイル抜き」も行おう。手作業のメンテナンスだけでは除去し切れない染み込んだオイルを、熱によって浮き出すことができる。マシンはボウリング場やボウリングショップに設置されている。

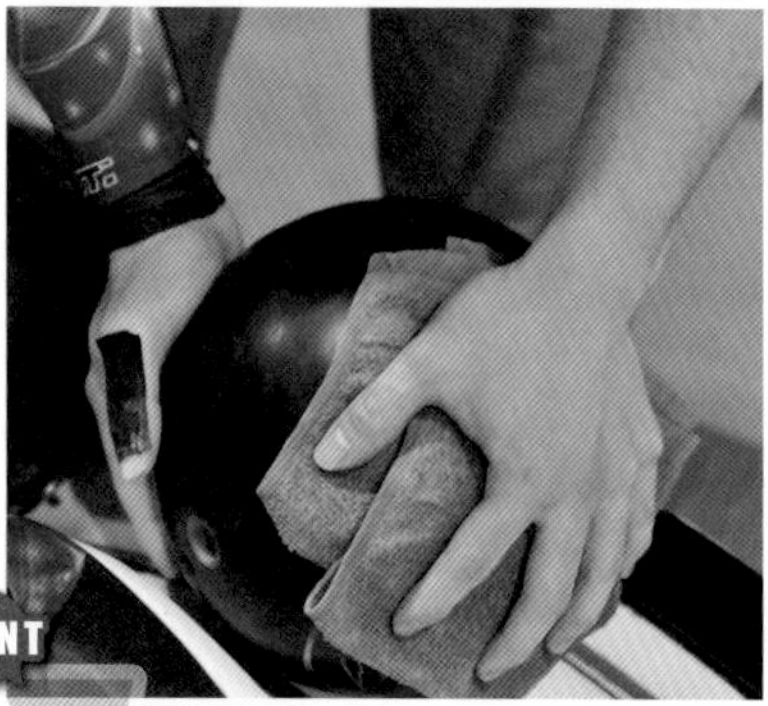

POINT 1

オイルの拭き取りを習慣的に行う

練習の最後に、ボールクリーナーというメンテナンス専用の液体をかけたタオルで、ボールをまんべんなく拭く。これにより、その日の練習で表面に付着したオイルを除去できる。この作業を怠ると、オイルを吸収してボールの動きが鈍くなる。

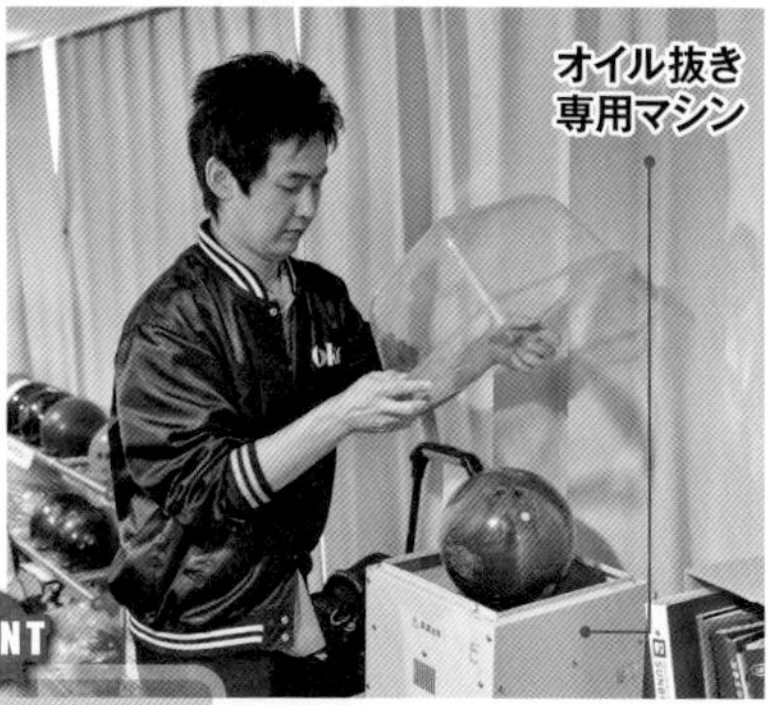
オイル抜き
専用マシン

POINT 2

オイル抜きで内部のオイルを除去

ボールの内部に吸収されたオイルを除去するために、オイル抜きの作業を定期的に行う。専用のマシンでボールを10～20分ほど温めると、表面にオイルが浮き出てくるのでPOINT①のメンテナンスの要領で拭き取る。

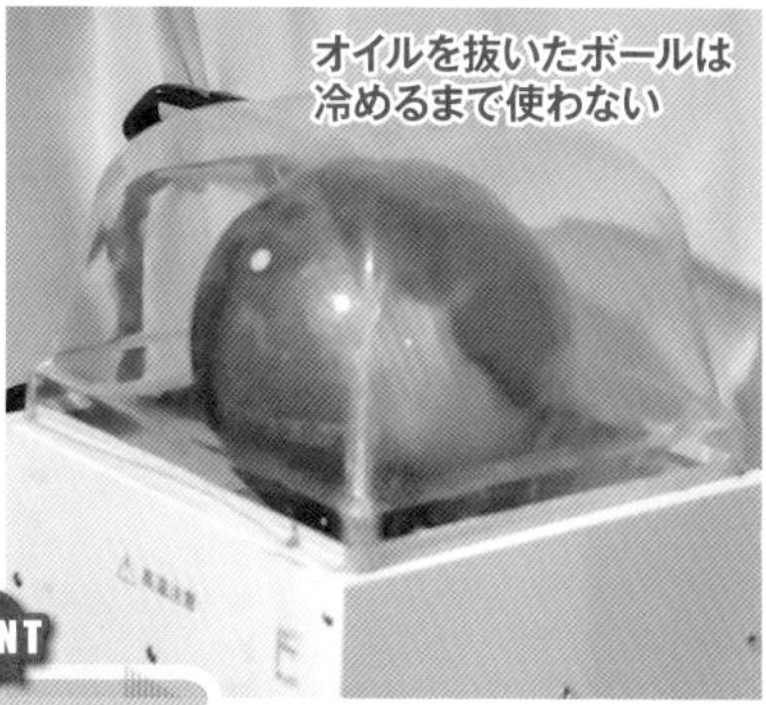
オイルを抜いたボールは
冷めるまで使わない

POINT 3

オイル抜きの注意点を知る

オイル抜きは何度か繰り返すとより効果的だが、ボールを温めすぎるのは危険なので、一度行ったら10分程度置いて冷ましてから二度目にかかる。また、オイル抜きをしたボールは、次の投球までに最低でも1日は時間を空けて、完全に冷めるのを待つ。

+1 Advice

ボールごとの投球数を把握しておく

オイル抜きは頻繁に行うメンテナンスではない。作業をするタイミングの目安は「60ゲームに1回」だ。マイボールを複数持つボウラーは、それぞれの投球数を把握しておく必要がある。しかしあくまで目安なので、アバウトに数えておく程度でOKだ。

PBA
JAPAN CUP

指とボールにテーピングを活用する

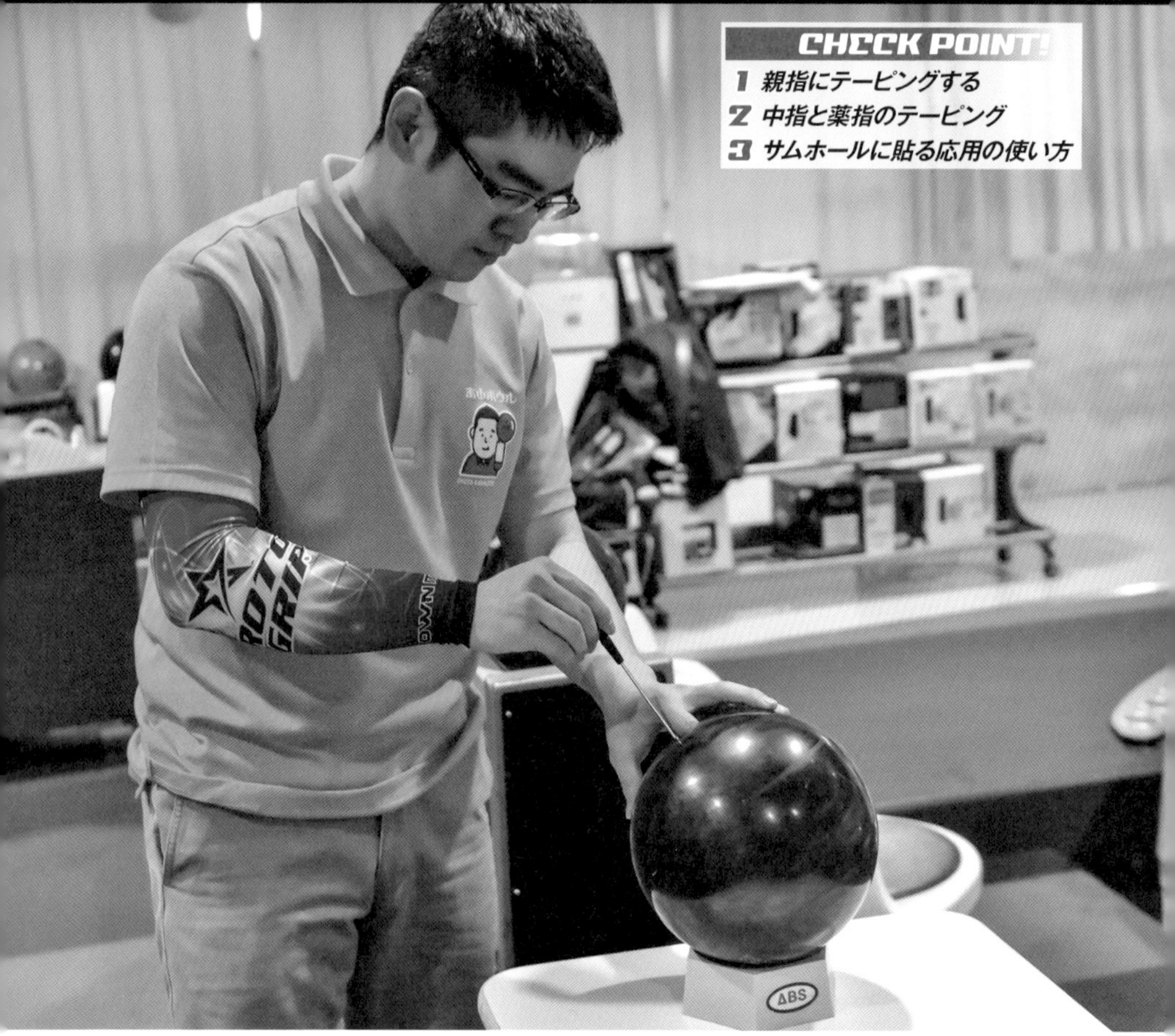

CHECK POINT!
1 親指にテーピングする
2 中指と薬指のテーピング
3 サムホールに貼る応用の使い方

ケガを予防し コンディション変化にも対応

ボウリングは指への負担が大きいスポーツなので、テーピングは必須のアイテムといえる。指に貼ったり巻きつけることでケガの予防になるので、必要に応じて活用しよう。

また、**体調によって変化する指の太さと、穴のフィット感を調節する際にもテーピングは役立つ。**コンディション変化によって指が細くなっても、テーピングをすることで穴に合わせられる。

反対に太くなることを想定して、サムホールに貼っておく方法がある。太いコンディションの日には、そのテーピングをはがして指と穴をフィットさせる。テーピングを活用して、常にベストな投球をしよう。

POINT 1 親指の形に合わせてテーピングを貼る

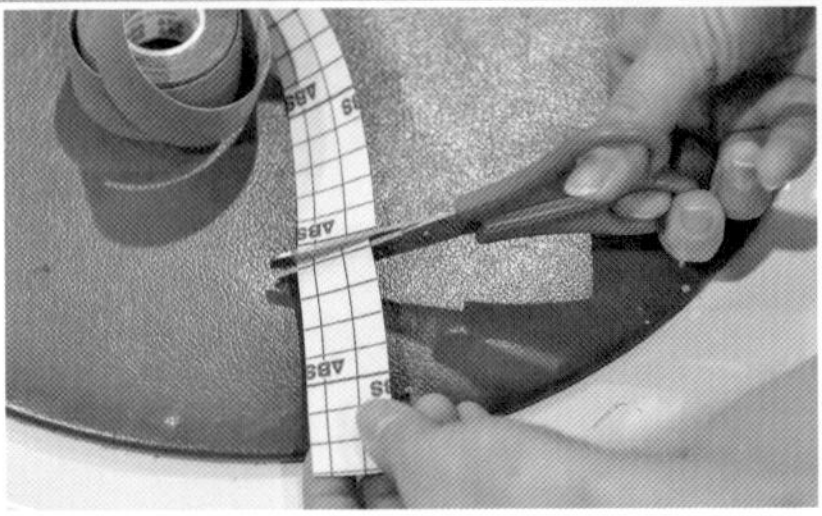

❶テーピングを親指よりやや長めにカット。

親指にテーピングをする際には、指の形に合わせてカットすることがポイント。一方の端を丸く切り、指の先端から貼りつけることではがれづらくなる。指のコンディションによっては、テーピングを重ね貼りして太さを調節するのも方法のひとつ。

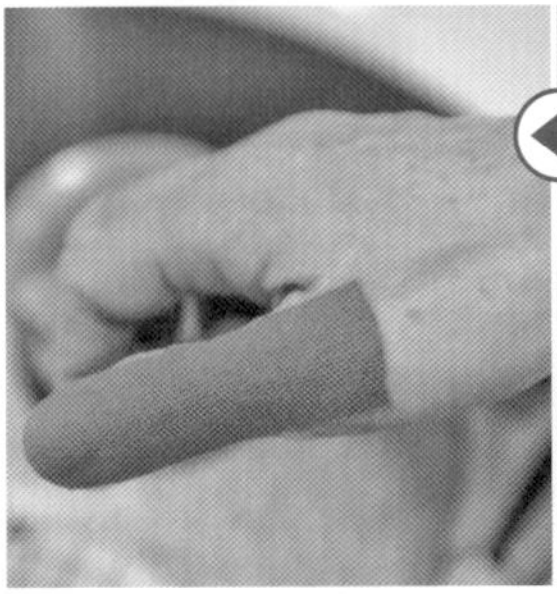

❹全体をしっかりと接着させる。

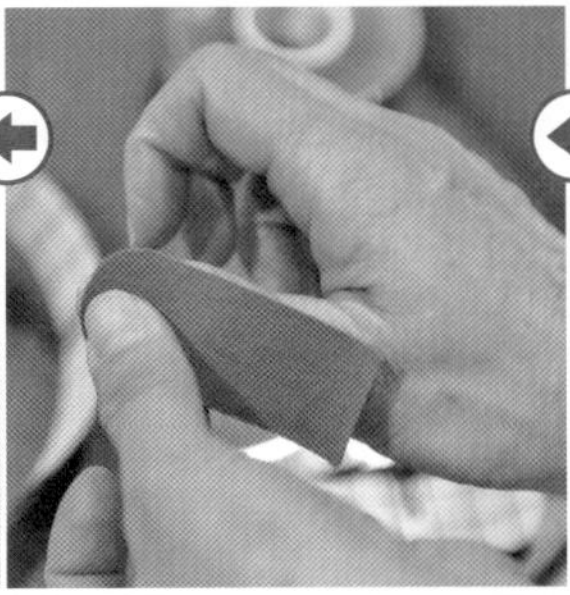

❸指の先端から、テーピングを伸ばさず貼る。

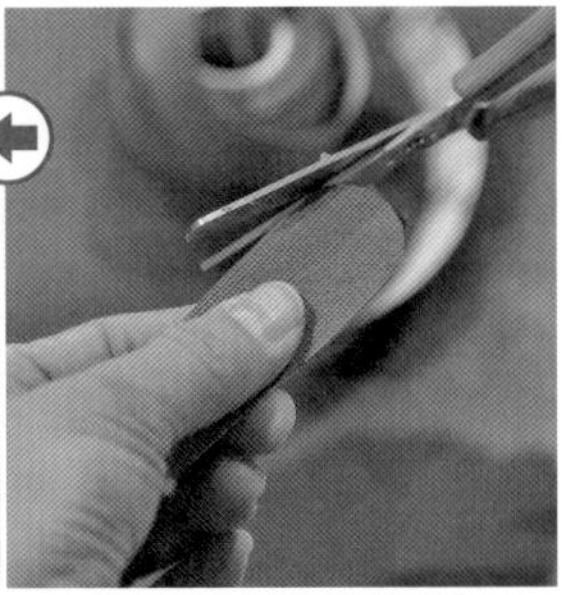

❷一方の端を丸くして、指の形に合わせる。

POINT 2 中指と薬指は巻きつける

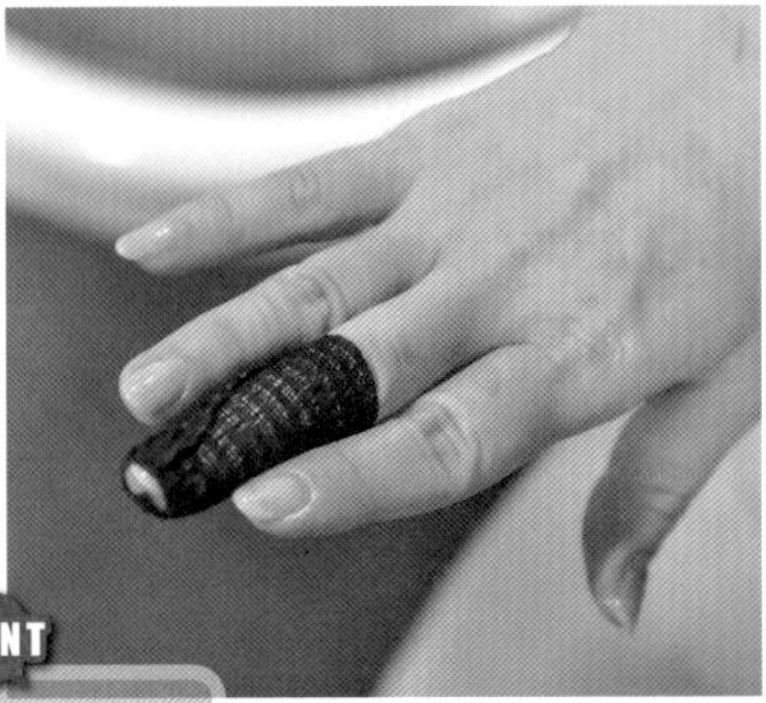

中指と薬指は、2指とも同じ方法でテーピングする。第2関節から、指の先端がやや出るくらいの範囲でテーピングを巻きつける。一周させたところでハサミで切り、しっかりと貼りつければ完成。必要に応じて、指の保護をしよう。

POINT 3 ピンセットでサムホールに貼る

サムホールのテーピングでは、専用のテープを軽く谷折りしてピンセットで作業する。穴の中に軽く接着し、仕上げに指でしっかり貼りつける。親指の背と腹が当たる2ヶ所にテーピングすると良い。応用のテーピング法をマスターしよう。

シューズのパーツを交換する

CHECK POINT!
1. 逆足のパーツを交換できるものがある
2. 足裏のパーツをスライドパーツという
3. アプローチゾーンとパーツを合わせる

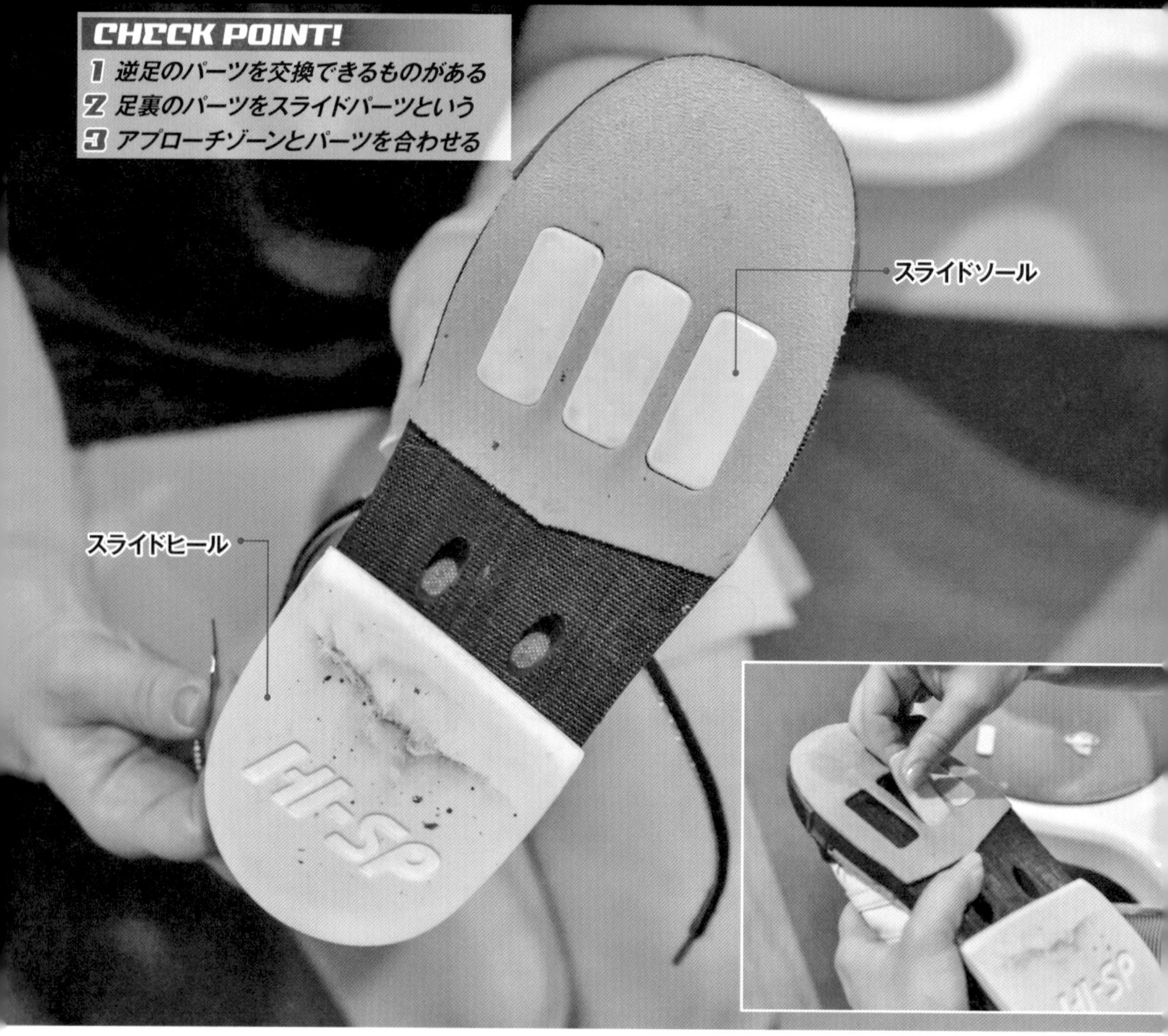

スライドパーツですべりを調節

マイシューズの足裏が、利き足はすべりにくく逆側の足はすべりやすい構造になっているのはコツ05（P30）で紹介した通り。さらにシューズによっては逆側の足裏のパーツが、取り替え可能になっている。これを「スライドパーツ」といい、カカト側のスライドヒールと前側のスライドソールで構成される。

アプローチゾーンはボウリング場によって異なるので、すべりやすさに合わせてパーツを交換できるように用意しよう。自分が最もスライド慣れしているパーツを中心に、それよりもややすべりやすいパーツ、ややすべりづらいパーツをそれぞれ持っていれば、馴染みのないボウリング場でもベストなフォームで投球することができる。

必要に応じてリストタイを装着する

CHECK POINT!
1 リストタイは手首のサポートアイテム
2 さまざまなタイプがある
3 頼りすぎるのはよくない

リストタイのメリットとデメリットを知る

リストタイは、利き腕の手首を固定するサポートアイテム。**装着することで、リリースの安定性を高めることができる。**まだフォームが定まっていない初心者や、力の弱いボウラーにとって特に有効なアイテムといえる。さまざまな種類があり、手首の固定を補助するタイプ、まっすぐにキープできるタイプ、カップを調節して回転を操作する可変式タイプが代表的だ。

優秀なアイテムである一方、頼りすぎると手首を鍛えられないなどのデメリットもある。リストタイなしでも投げられるように練習に取り組み、必要を感じる場面でのみ装着するようにしよう。

疑問・悩みを解消して上達する

CHECK POINT!

1 レベルがあがると壁にぶつかる
2 悩みを放置するのは危険
3 疑問の解消が上達につながる

アンサーを参考にステライクを目指す

練習をすればするほどレベルアップして、ボウラーとして成長できるはず。能力があがるほど、プレーすることが楽しくなるだろう。しかしその一方で、**一定のレベルに到達するとうまく投げられない場面や、テクニックについての悩みなど、壁にぶつかることがある。**

ボウリングは奥深いスポーツなので、熱中するほど疑問点が生まれるのは無理もないこと。しかしそれらを放置していると上達できず、練習に対するモチベーションを失ってしまう危険もある。その解消のために、ここではありがちな疑問や悩みのアンサーを紹介している。ステップアップの参考にして、さらに高みを目指そう。

Q 1.大会の練習投球で何をするべきかわからない

A パーソナルナンバーを把握する

大会では通常、試合をはじめる前に「練習投球（練習ボール）」の時間がある。試合で使うレーンで投げることができるので、レーンアジャストに集中する。

まず得意なコースに投球し、その軌道からスタンスを調整して、そのレーンにおけるストライクをとれるコースを見つける。これを「パーソナルナンバー」と言い、試合が進むにつれ変化するレーンコンディションに対応する基準となる。

Q 2.レーンコンディションはどのように変化する？

A ボールの通り道に合わせて広がり薄まる

レーンに塗られたオイルは、投球を繰り返すことで伸びたり薄くなる。ボールの軌道によって、ピンに向かってオイルが伸びる「キャリーダウン」がまず起こり、ピン前のゾーンが曲がりづらくなる。

次に手前のオイルが薄まる「ブレイクダウン」が起き、ボールがイメージよりやや前から曲がるようになる。この変化を敏感に察知して対応できるかが、ボウラーの腕の見せどころとなる。

Q 3.マイボールを3つ作ったものの使いこなせない

A それぞれの特徴を練習で把握する

複数のマイボールを持っていると、対応力がアップする。しかし特徴をつかめていなければ宝の持ち腐れだ。試合で使いこなすには、それぞれがどんな動きをするのかを練習で把握しておくことが大切。

それぞれのボールでパーソナルナンバーを、同一のレーンで見つける練習に取り組もう。レーンコンディションが同じ状況で、順々にボールを持ち替えてアジャストすると、それぞれの違いが明確になる。

Q 4.練習の内容がマンネリ化している

A 難易度の高い練習にトライしよう

ボウリングは同一のフォームで投げ続けるスポーツなので、練習のバリエーションを考えづらいだろう。レベルの高い練習方法を紹介するので取り入れよう。

まずレーンに対するパーソナルナンバーを見つけ、その位置からスタンスを板目3枚分ズラして投球する。3枚分のズレを回転量やスピード、ボールの使い分けで調節してストライクを狙う練習だ。取り組むことで、投球技術が総合的にアップする。

Q5.スピードをあげるにはどうしたらいい？

A 高めに構えて助走で速く歩く

ボールのスピードをあげる方法として最も一般的なのは、アドレスでボールを高く構える方法。スイングの開始位置が高くなればそれだけ振りが大きくなり、ボールにかかる遠心力がアップする。

もっとスピードをあげたいのであれば、助走のステップを速く行う方法も有効。ただ速く歩くのではなく、歩幅をやや大きくすることがポイント。その際には、歩幅を大きくする分アドレス位置を後ろにする。

Q6.大会でいつも緊張して実力を発揮できない

A ボウリング場主催の競技会などで試合の雰囲気に慣れる

アマチュアボウラー向けの大会は、各都道府県の選抜大会や全国大会など数多く開催されている。いきなり大規模な大会に参加すると、場に呑まれて実力を発揮できない場合があるので、まずはボウリング場主催の競技会に出場することをオススメする。

慣れ親しんだボウリング場ならばリラックスしてプレーできるので、大会の雰囲気に慣れることができる。試合でのプレッシャーを体感しよう。

全ての動画がURLから視聴できます
https://gig-sports.com/category/bsm/

おわりに

今作は、2012年に監修した「ボウリング ストライクをとる最強のコツ50」の改訂版となります。改訂版のお話をいただき、大変嬉しく思います。

当時はプロ2年目の新人で、現在までに僕の環境にも変化がありました。2015年あたりから本格的に世界挑戦をスタートさせ、積極的に海外へ遠征しています。

世界で戦うことは、昔からの僕の目標でした。なぜこのタイミングまで待っていたのかというと、自分に自信が持てなかったのです。日本でデビューから3年連続三冠王を獲得し、傍目には順風満帆に見えたかもしれませんが、僕としては「いつか勝てなくなるんじゃないか」という不安がありました。その不安は的中し、4年目にはひとつとしてタイトルをとれませんでした。しかし5年目にまた三冠王になることができ、浮上をきっかけに「自分には実力があるんだ！」と確信を持てたのです。

外国人選手との戦いを通して、フォームにやや改良を加えました。当時は世界で通用する選手になるにはパワーが必要不可欠と信じ、パワー重視のフォームを研究して

いました。しかし実際に戦ってみると、やはり体格で劣る日本人がいくら頑張っても外国人のパワーには勝てないのです。「ならば強みである精密さで勝負しよう」と、フォームの方向性を切り替えました。具体的にはボールを構える位置を低めするなど、精度と再現性を重視しています。もちろん、パワーの強化にも日々取り組んでいます。これまで通りパワーアップをはかりながら、精密さの部分を強みにしようと思い至ったのが、ここ数年の変化です。

日本人初のPBAタイトルホルダーになることが、現在の目標です。そして世界ランキングのトップ10に入れるような選手になり、「日本人も戦えるんだ」ということを証明したい。僕が頑張ることで、日本のボウリング界を盛り上げられればこの上ない幸せです。読者の皆さんにも、この本を通してボウリングを学ぶ楽しみ、ストライクをとる爽快さなどを感じてもらいたいです。ほかにも2冊の監修をしているので、シリーズを合わせて読み、理解を深めていただけたらありがたいことです。

プロボウラー　川添 奨太

監修者

川添 奨太

（東名ボール／ハイ・スポーツ社）

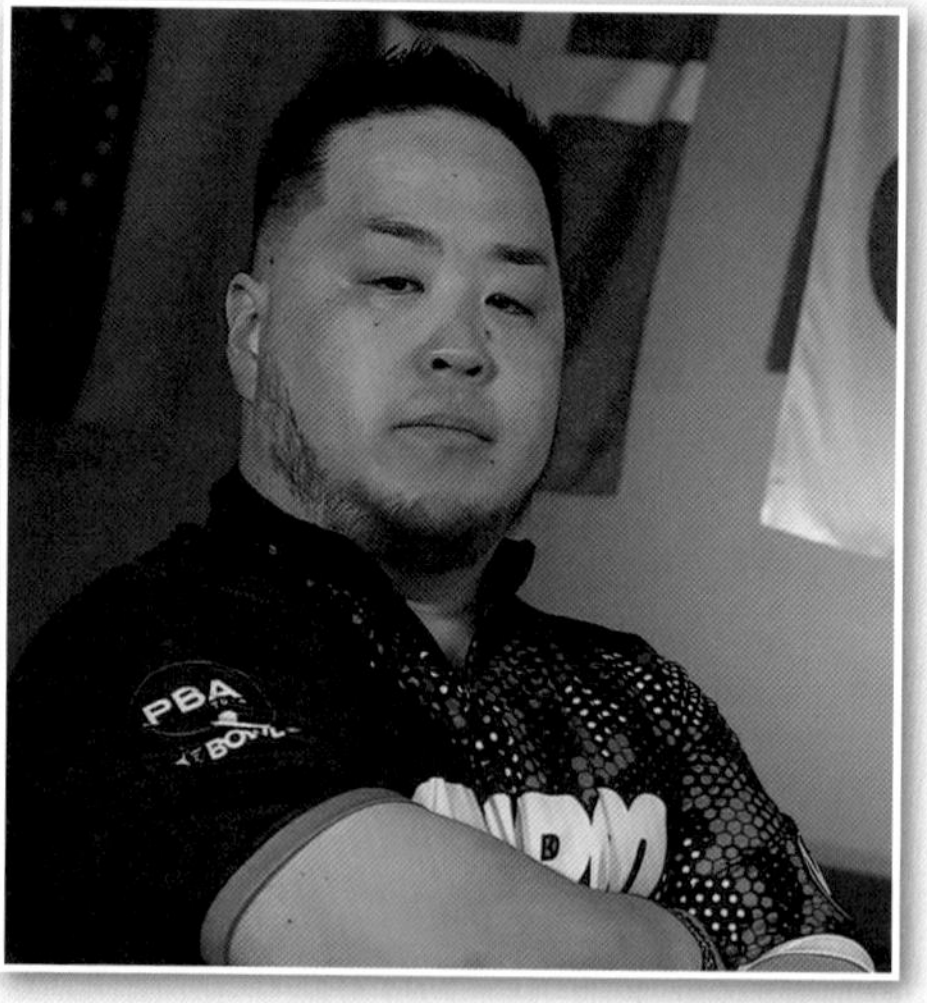

1989年１月４日生　福岡県出身
アマチュア時代に日本代表メンバーとして活躍し、2010年に49期生としてプロ入りすると、全日本プロボウリング選手権で優勝し最年少記録を塗り替える。同年に行われた第34回ABSジャパンオープンでは２連続パーフェクトという偉業を成し遂げ、注目を集める。史上初のデビューイヤー三冠王に輝き、以降2010年、2011年と３年連続三冠王を達成する。2014年にもタイトルの山を築いて三冠王を獲得、通算10勝以上の条件を満たし準永久シードプロとなる。2019年全日本プロボウリング選手権大会において、史上最多６回目の優勝を果たす。

東名ボール

〒489-0972愛知県瀬戸市西原町2-114
TEL. 0561-21-6131
https://www.tomei-bowl.com/

モデル

犬飼 幸代

北村 恭子

菅原 章

佐々木 陸

協力

[協力] **本山ボウル**

Access：〒464-0821 愛知県名古屋市千種区末盛通5-12 服部本山ビル5F

Tell：052-618-6772

Web：http://www.bmp2001.jp

STAFF
■本書スタッフ
●カメラ：柳太
●デザイン：田中宏幸
●編集：株式会社ギグ（長谷川創介）

動画で極める! ボウリング
ストライク最強マニュアル

2024年6月15日　　第1版・第1刷発行

監　修　川添 奨太（かわぞえ しょうた）
発行者　株式会社メイツユニバーサルコンテンツ
　　　　代表者　大羽 孝志
　　　　〒102-0093 東京都千代田区平河町一丁目1-8
印　刷　株式会社厚徳社

ISBN978-4-7804-2920-6 C2075　Printed in Japan.

ご意見・ご感想はホームページから承っております。
ウェブサイト　https://www.mates-publishing.co.jp/

企画担当：千代 寧

※本書は2016年発行の『DVDで極める! ボウリング ストライク最強マニュアル』の動画の視聴方法及び書名・装丁を変更し、新たに発行したものです。